# HISTOIRE CRITIQUE
# DU MAGNÉTISME
## ANIMAL.

## SECONDE PARTIE.

# HISTOIRE CRITIQUE

# DU MAGNÉTISME

## ANIMAL,

## PAR J. P. F. DELEUZE.

## SECONDE PARTIE.

## PARIS,

## MAME, IMPRIMEUR-LIBRAIRE,

rue du Pot-de-Fer, n° 14.

### 1813.

# HISTOIRE CRITIQUE

## DU

# MAGNÉTISME·ANIMAL.

## SECONDE PARTIE.

### OBJET DE CETTE SECONDE PARTIE.

Après avoir exposé ce que mes propres observations et la comparaison des faits que j'ai recueillis m'ont appris sur la théorie et la pratique
du magnétisme, je crois devoir faire connoître
les ouvrages publiés pour et contre cette découverte. Il est essentiel d'écouter ceux qui l'ont
attaqué, afin d'admettre uniquement les principes et les preuves dont ils n'ont pu ébranler la
certitude. On s'égareroit si l'on accordoit une
aveugle confiance à ceux qui l'ont défendue. Les
écrits de ces derniers, bien plus nombreux que
ceux de leurs adversaires, deviendront cependant une source d'instruction, et pourront même
former un corps de doctrine, lorsqu'après les
avoir comparés entre eux, on les aura soumis à

une critique judicieuse. Je viens de relire ceux que j'ai pu me procurer. J'ai reconnu dans plusieurs de l'exagération, des merveilles admises avec trop de légèreté, une théorie contraire à la saine physique ; mais j'ai trouvé dans tous des observations exactes, des faits qui ne peuvent avoir été supposés, et des preuves qui doivent engager tout homme sage à examiner lui-même. J'ose assurer que celui qui liroit ces écrits sans prévention seroit convaincu, non point de tout ce que disent leurs auteurs, mais de la réalité du magnétisme, et de son efficacité pour le soulagement et la guérison de plusieurs maladies.

Je m'étois proposé de donner une notice de tous ces ouvrages, et j'avois fait de nombreux extraits ; mais, voyant que cela me jetoit dans des répétitions inutiles, j'ai choisi ceux où l'on peut puiser des renseignemens sur la découverte, ceux qui offrent la confirmation des principes que j'ai établis, et ceux qui présentent des exagérations qu'il faut apprécier, ou des objections auxquelles il est utile de répondre.

Pour mettre plus d'ordre dans mon travail, j'ai distribué ces extraits en quatre classes, relativement aux divers points de vue sous lesquels j'avois envisagé mon sujet.

Ainsi dans la première section je parlerai des ouvrages qui font connoître l'origine de la découverte du magnétisme, l'idée qu'on se fit d'abord de sa nature, les opinions de ses partisans et de ses détracteurs, et les débats qui furent la suite de ces opinions.

Dans la seconde je traiterai de ceux qui sont postérieurs à l'observation du somnambulisme, et j'indiquerai les recueils qui contiennent des faits dégagés de toute théorie, et qui, en offrant la preuve de la puissance du magnétisme, nous conduisent à discerner les cas où il peut être employé avec le plus de confiance.

La troisième section sera consacrée à l'examen critique des ouvrages que les magnétiseurs doivent étudier. Ce sont ceux qui présentent des relations détaillées de traitemens magnétiques, et des instructions sur la pratique du magnétisme et sur la direction des somnambules.

Enfin dans une dernière section je ferai mention de quelques ouvrages qui n'ont point le magnétisme pour objet, et dont la plupart sont antérieurs à la connoissance de cet agent, mais où l'on trouve, soit des faits qui paroissent en dépendre, soit des idées singulières qui tendent à en expliquer les effets, soit des objections qu'il est à propos de discuter.

J'ai si souvent reconnu vrai ce qui m'avoit d'abord paru incroyable, que je ne serois point surpris de m'être plusieurs fois trompé dans mes jugemens. Ainsi, lorsque je n'admets point un fait extraordinaire, il n'en faut pas conclure que ce fait n'est pas vrai, mais seulement que je ne le trouve pas établi sur des preuves suffisantes. Lorsque je rejette une théorie, il ne s'ensuit pas qu'elle est fausse, mais qu'elle me paroît inutile, que je ne la crois pas la conséquence nécessaire des faits, qu'elle ne me semble pas d'accord avec certaines lois de la nature, etc. J'ai cru qu'il valoit mieux rester en-deçà que d'aller au-delà du vrai, que le scepticisme étoit moins dangereux que l'enthousiasme. Le vraisemblable n'est point la limite du possible, je le sais bien ; mais si nous quittons le fil de l'analogie, nous nous exposons à toutes sortes d'illusions, nous nous privons du seul moyen de parvenir à des vérités générales. En observant des faits d'un ordre nouveau, il est essentiel de ne pas perdre de vue les notions que nous avons acquises sur les sciences, et qui sont le résultat des observations et des expériences accumulées depuis plusieurs siécles par les physiciens et les philosophes.

# SECTION I.

Ouvrages de M. Mesmer. — Premiers écrits pour et contre le magnétisme.—Rapports des commissaires et réponses à ces rapports. — Recherches et doutes par M. Thouret. — Extrait de la correspondance de la Société royale de médecine.—Discussions de quelques médecins avec la Faculté.—Examen impartial.

## CHAPITRE I.

### OUVRAGES DE M. MESMER.

§. I. *Mémoire sur la découverte du Magnétisme animal par M. Mesmer.* In-8°, 88 pages. Paris, 1779.

C'EST dans ce mémoire que M. Mesmer a pour la première fois exposé sa doctrine. Elle y est résumée en 27 propositions, les mêmes qui ont été depuis développées, réfutées, défendues, etc. Il dit qu'elle n'est obscure que pour ceux qui prétendent deviner ce qui n'y est pas, et que les médecins sont seuls capables de la juger et de la mettre en pratique. Je ne m'arrête point sur cet ouvrage, parce que tout ce qu'il contient d'essentiel se retrouve dans un autre, publié deux ans après, et dont je vais rendre compte.

§. II. *Précis historique des faits relatifs au Magnétisme animal, jusqu'en avril 1781, par M. Mesmer. Ouvrage traduit de l'allemand.* In-8°, 229 pag. Londres, 1781.

On peut distinguer trois choses dans cet ouvrage :

1° La théorie de M. Mesmer ;

2° Les faits qui prouvent que le magnétisme a un effet curatif ;

. 3° L'histoire de la conduite réciproque de M. Mesmer et de ses adversaires.

Quant au premier objet, M. Mesmer expose la série des observations, des idées et des expériences qui l'ont conduit à sa découverte, et les principes auxquels il s'est arrêté. Le tableau de ses méditations et de l'état d'exaltation qu'elles produisoient chez lui est extrêmement intéressant. Après avoir reconnu les phénomènes du magnétisme, et les avoir distingués des autres

phénomènes physiologiques , il a voulu s'en
rendre compte, et il les a fait dépendre d'une
faculté qu'ont tous les hommes, et qui n'avoit
point encore été remarquée, celle de concentrer, de modifier, et de diriger le fluide universel par lequel tous les corps de la nature influent les uns sur les autres.

J'ai déjà dit que cette théorie étoit hypothétique et sujette à de nombreuses objections ; mais
elle est indifférente à la réalité du magnétisme.
On ne doit point être surpris qu'un homme d'une
imagination ardente n'ait trouvé de repos qu'a-
près avoir créé un système qui lui sembloit ramener à une cause générale tous les prodiges
dont il étoit frappé, et qu'il se soit ensuite persuadé que cette cause étoit la première loi de
la nature. Ceux qui ont vu les phénomènes du
magnétisme savent qu'ils sont également incompréhensibles et merveilleux. La première fois
qu'on les produit, le doute se mêle à l'étonnement, et l'on est à la fois tourmenté par la curiosité et par la crainte de l'illusion. Une théorie
qui explique ces phénomènes augmente la conviction, et par cela même les effets, et l'on croit
trouver dans ces effets même la preuve du principe qu'on a adopté. Il faut une raison froide
pour séparer les faits des opinions ; et si les
hommes doués de cette sagesse sont les plus

propres à suivre la pratique du magnétisme et à en obtenir d'heureux résultats, certainement de tels hommes n'en auroient jamais fait la découverte.

M. Mesmer nous a fait reconnoître en nous une faculté dont nous ignorions l'existence : employons cette faculté à faire du bien à nos semblables, sans nous occuper de son système. S'il s'est égaré, en embrassant d'un coup d'œil toute la nature, en voulant expliquer ce qui jusqu'à présent est incompréhensible, les phénomènes qu'il a observés n'en sont pas moins réels, et nous pouvons les vérifier à chaque instant.

Ceci me ramène à parler des faits.

Je consens que, dans le nombre des guérisons que cite M. Mesmer, il y en ait de fort douteuses; mais plusieurs ont été bien constatées; et, parmi les plus extraordinaires, il en est dont j'ai acquis la certitude par le témoignage de ceux qu'il a guéris. Lorsqu'un certain nombre de preuves sont irrécusables, les autres deviennent superflues.

Je crois cependant que M. Mesmer attribue beaucoup trop d'efficacité au magnétisme pour la guérison des maladies; il avoit vu tant de merveilles qu'il est excusable d'avoir trop présumé de l'agent par lequel il les avoit opérées. Peut-être aussi avoit-il une force supérieure à celle de la plupart des magnétiseurs, soit par sa constitution physique, soit parce qu'il avoit plus de conviction et de volonté. Je pense enfin que les moyens qu'il employoit pour augmenter l'action simple et naturelle du magnétisme produisoient des effets plus étonnans que salutaires ; mais dans la position où il se trouvoit, lorsqu'étant seul à employer sa méthode, il étoit chargé d'un grand nombre de malades, il ne pouvoit faire autrement, et il ne lui restoit pas le loisir de se livrer à des observations sur les moyens les plus propres à modifier, tempérer et diriger l'agent dont il faisoit usage. Il n'a jamais cherché à en imposer; mais il s'est peut-être souvent fait illusion à lui-même. Il a surtout négligé une précaution absolument nécessaire au succès d'une nouvelle doctrine, celle de n'annoncer et de ne montrer aux autres que peu à peu les choses qui contrarient leurs opinions.

Venons à la conduite réciproque de M. Mesmer et de ses adversaires.

M. Mesmer prouve, jusqu'à l'évidence, qu'il n'a rien négligé pour engager les savans et les médecins à examiner sa doctrine, et qu'il a été repoussé avec mépris. Il prétend que plusieurs d'entre eux, ayant été d'abord convaincus, sont ensuite devenus ses ennemis, et ont employé contre lui l'intrigue et la calomnie : il se montre en butte à la plus odieuse persécution. Il est clair qu'il a raison de se plaindre ; mais la passion l'égare, lorsqu'il trace le tableau de la conduite et des motifs de ses adversaires. On peut les accuser de prévention et de légèreté, mais non de mauvaise foi. La théorie du magnétisme leur paroissant absurde, ils se sont refusés à l'examen des faits et des témoignages qui tendoient à l'établir ; ils ont regardé M. Mesmer comme un charlatan, et dès-lors ils se sont crus dispensés d'avoir des égards pour lui. L'amour-propre exerce un grand empire, même sur les hommes les plus distingués ; souvent il nous fait illusion, et ne nous laisse pas apercevoir l'injustice de notre conduite. Une fois qu'on a répandu le ridicule sur une doctrine, ceux qui en sont les partisans les plus sincères n'osent plus énoncer leur sentiment.

M. Mesmer a cependant trouvé des défenseurs : mais c'étoient des individus isolés ; que pouvoient-ils contre des corps puissans chez qui l'esprit de parti paroissoit être le zèle de la vérité, et qui, par les lumières et le caractère de la plupart de leurs membres, avoient acquis le droit de diriger l'opinion publique ? Aujourd'hui que les passions sont calmées, on a peine à concevoir l'acharnement avec lequel on poursuivoit la découverte et son auteur.

Quant au caractère moral de M. Mesmer, je dois attester que plusieurs de ceux qui l'ont connu m'ont parlé avec éloge, et même avec attendrissement, de sa bonté, de sa complaisance et de son dévouement pour ses malades. Il traitoit avec le même soin les pauvres et les riches. Il étoit tourmenté par l'ambition de la gloire, mais il s'oublioit lui-même pour rendre service ; et c'étoit pour son cœur la plus douce des jouissances.

Il s'est fait payer par ses élèves : il eût été plus noble d'en agir autrement ; mais, comme je l'ai déjà dit, cette conduite n'avoit rien de malhonnête. M. Mesmer ayant embrassé l'état de médecin, c'est sur sa pratique qu'il avoit fondé ses moyens d'existence. Repoussé, bafoué même par ceux qui auroient dû l'accueillir, il étoit dans l'impossibilité d'exercer la médecine. Ne sachant où il iroit chercher un asile, il voulut assurer son indépendance ; et peut-être n'avoit-il pas tort de penser qu'il lui seroit utile d'être au dessus du besoin pour pouvoir établir sa doctrine, et qu'un secret payé fort cher devoit bien plus fixer l'attention. On n'a pas assez réfléchi que ce moyen ne pouvoit réussir qu'autant que la découverte étoit incontestable. Si les élèves eussent reconnu qu'elle étoit une chimère, tous auroient attaqué celui qui les avoit trompés.

L'ouvrage dont je viens de rendre compte est encore remarquable par la chaleur avec laquelle il est écrit, par une bonne logique, et par des observations très-philosophiques sur la marche de l'esprit humain.

§. III. *Aphorismes de M. Mesmer; par M. Caullet de Veaumorel.* In-16, 172 p. Paris, 1784.

Ces aphorismes, que M. Mesmer avoit dictés et développés à ses élèves, offrent l'ensemble de ses principes. Ils sont au nombre de 354, et relatifs à trois objets principaux; la physique générale de l'auteur, ses observations physiologiques, et l'exposition des procédés employés dans son traitement. C'est d'après cette distinction que je vais tâcher d'apprécier le mérite réel de l'ouvrage, en reconnoissant la justesse des critiques qu'on en a faites.

La première partie, ou l'exposition du système du monde, des propriétés de la matière et du mouvement, de la formation des êtres organisés, de leur conservation, de leur réparation, et de l'action que tous les corps de la nature exercent les uns sur les autres, est une hypothèse qui me paroît inintelligible, et qui ne conduit à aucun résultat. Les 150 premiers aphorismes ne nous apprennent ni ce que c'est que l'agent nommé magnétisme, ni quel est le principe de son action ; et même, après avoir lu les autres, on n'a pas sur cela des idées bien claires.

La partie relative aux procédés est systématique ; tout le monde convient maintenant que ces procédés ne sont point essentiels, et qu'il n'est nullement nécessaire de reconnoître ou d'établir des pôles pour magnétiser avec succès.

Mais les observations sur les maladies nerveuses, sur l'extension des sens, sur l'irritabilité des organes, sur les sensations, sur les causes de nos jugemens, sur le sens interne ou instinct, sur l'ordre de développement des symptômes critiques dans la guérison des maladies, sur les phénomènes que présente l'état de crise magnétique, sont d'une profondeur et d'une exactitude admirables. On n'a rien écrit sur le même sujet dont le germe ne se trouve dans ces aphorismes ; et ce petit nombre de pages, alors si neuves que les esprits n'étoient pas préparés à en sentir tout le mérite, suffiroit seul pour faire placer M. Mesmer au rang des hommes de génie.

On a lieu de s'étonner que dans les aphorismes il ne soit question ni de la croyance, ni de la volonté, ni de la direction de la volonté.

Je vois dire pourquoi M. Mesmer a gardé le silence sur ces objets, et pourquoi cette omission n'a pas empêché que ses élèves n'obtinssent des succès.

Pour agir avec efficacité, il n'est pas nécessaire de connoître la nature de l'agent dont on se sert, il suffit de l'employer convenablement. M. Mesmer avoit une volonté forte et une confiance sans bornes : peut-être n'avoit-il pas d'abord reconnu lui-même que ces conditions étoient les principales causes de sa puissance : quoi qu'il en soit, il est clair que, s'il eût commencé par exposer à ses élèves les principes fondamentaux, il n'auroit pas eu de cours à faire : tout auroit été dit en un moment : une chose si simple et si éloignée des idées reçues auroit fait peu d'impression, et le souvenir de ce qu'on auroit entendu dans une séance eût été bientôt effacé. M. Mesmer jugea donc à propos de fixer l'attention de ses élèves par des procédés compliqués, de frapper leur imagination par une théorie qui embrassoit tous les phénomènes de la nature, et de leur donner une energie extraordinaire en excitant leur enthousiasme. Ce moyen n'auroit pas réussi, s'il s'étoit adressé seulement à quelques individus qui auroient discuté avec lui ; mais dans une grande assemblée, où l'on s'électrise mutuellement, où peu de gens conservent une raison froide, le succès étoit certain. En effet, il entraîna le plus grand nombre : le parti qu'il avoit pris étoit donc favorable à l'établissement de sa doctrine, et nous allons voir pourquoi l'ignorance des causes ne nuisit point à l'application qu'on en fit.

Les élèves étoient convaincus par les phénomènes dont ils avoient.été témoins ; ils désiroient vivement en produire de semblables, ils réussissoient par les procédés qu'on leur avoit enseignés, et ils attribuoient les effets à ces procédés : cela revenoit au même. D'ailleurs M. Mesmer parloit de la volonté et de la croyance : seulement il n'avoit pas dit que ces conditions étoient les premières, et que d'elles dépendoit l'efficacité de toutes les autres.

La théorie physique et métaphysique de M. Mesmer a été défendue par des hommes très-éloquens ; mais la magnifique architecture dont ils ont entouré l'édifice n'a pu l'empêcher de tomber en ruine. La partie physiologique au contraire devient plus certaine et plus lumineuse à mesure qu'on accumule et qu'on compare les observations.

§. IV. *Mémoire de F. A. Mesmer sur ses découvertes.* Paris, an 7. In-8°, 110 pag.

L'analyse de ce mémoire seroit placée plus convenablement dans la section suivante, ou plutôt dans celle où je parlerai des ouvrages que les magnétiseurs doivent particulièrement étudier ; mais comme il fait suite à ceux dont je viens de rendre compte, je ne crois pas devoir l'en séparer. Il est d'ailleurs trop précis pour que je puisse en faire un extrait. J'invite ceux qui veulent s'instruire à le lire attentivement.

Ce mémoire est le discours préliminaire d'un grand ouvrage dans lequel M. Mesmer se proposoit de développer son système, et d'expliquer, en les ramenant à une cause unique, tous les phénomènes de la nature. Les principes sont les mêmes qu'il avoit déjà annoncés, et, malgré l'art qu'il met à les enchaîner, ils me paroissent toujours également hypothétiques ; mais lorsqu'il arrive au magnétisme, il n'y a plus rien de vague ; ses idées sont claires, ses raisonnemens solides, et l'explication qu'il donne du somnambulisme et des phénomènes surprenans qui l'accompagnent est certainement la plus satisfaisante et la plus philosophique qu'on ait jamais présentée. Tous les faits sont liés entre eux, tous dépendent d'une cause physique très-bien appréciée.

M. Mesmer admet dans l'homme un sens interne qui a pour siége un centre commun formé par la réunion et l'entrelacement des nerfs, dont les extrémités que nous appelons *les sens* ne sont que les prolongemens. Ce sens interne est en rapport avec toute la nature, par le moyen d'un fluide subtil qui agit sur lui comme la lumière sur nos yeux, mais dans toute sorte de directions. Il peut, dans certaines circonstances, acquérir une irritabilité excessive : alors il remplit les fonctions de tous les autres, qui par cela même semblent avoir reçu une extension prodigieuse, et il nous rend capables de faire les combinaisons les plus étonnantes. Ce sont les phénomènes que présente cet état désigné sous le nom de somnambulisme qui ont donné lieu à une foule de croyances superstitieuses. Selon M. Mesmer, le somnambulisme n'est jamais produit, à moins que la santé ne soit dérangée ; c'est une crise que la nature emploie pour la guérison, et qui devient dangereuse par elle-même lorsqu'elle n'est plus nécessaire. Selon lui encore, la plupart des maladies nerveuses, la folie, l'épilepsie, la catalepsie, etc., ne sont qu'un somnambulisme imparfait ou dégénéré, et l'on auroit remédié à ces maladies, si l'on en eût reconnu l'origine, et qu'on eût employé le magnétisme pour aider la nature à perfectionner la crise et à rétablir l'harmonie. Jamais on n'a mieux montré que ne le fait M. Mesmer à combien de dangers on s'expose si l'on abuse de ce moyen naturel et simple, et dans combien d'erreurs on s'égare si l'on en cherche l'explication hors du cercle de nos sensations et des propriétés physiques et connues des êtres organisés.

M. Mesmer se plaint de ce qu'on a confondu le magnétisme avec le somnambulisme, et de ce qu'on a voulu constater la réalité de l'un par les effets surprenans de l'autre; il me semble qu'il faut mettre quelques restrictions à ce qu'il dit à ce sujet.

Le somnambulisme est une crise de la nature pour la guérison; il fait lui-même partie de la maladie, et doit cesser avec elle; j'en conviens : prolongé après la guérison, il est lui-même une maladie nerveuse, j'en conviens encore : mais comme il est fréquemment produit par le magnétisme, il offre une preuve de son action.

M. Mesmer établit que les somnambules sont en rapport avec toute la nature, qu'ils ont des prévisions, des pressensations, et une perspicacité bien supérieure à celle des hommes éveillés; il suit de là qu'ils ont pu nous donner de grandes lumières sur l'action du magnétisme.

M. Mesmer se plaint enfin des exagérations, des abus et des absurdités auxquelles sa découverte a donné lieu, et des étranges explications qui en ont été données par des hommes qui n'en avoient qu'une connoissance très-superficielle. Il a parfaitement raison. Il paroît penser qu'il eût été avantageux qu'on eût pratiqué le magnétisme empiriquement et après une instruction convenable, sans rechercher le somnambulisme, et cela est peut-être vrai. Il est du moins certain que si l'observation du somnambulisme a fait connoître de nouvelles vérités, elle a fait dire aussi les plus grandes extravagances.

Quelque opinion qu'on ait de la théorie générale de M. Mesmer, il est impossible de ne pas reconnoître en lui, après avoir lu ce mémoire, un métaphysicien distingué, un grand observateur et même un homme de génie. Bien des gens se feront dans la suite une réputation en développant quelques-unes des vérités qu'il a annoncées.

# CHAPITRE II.

**OUVRAGES DE M. D'ESLON ; LETTRES DE M. BERGASSE
ET DE M. COURT DE GEBELIN.**

§. I. *Observations sur le Magnétisme animal
par M. d'Eslon.* In-12, 151 pages. Paris, 1780.

———

**M.** d'Eslon donne l'histoire de ses relations
avec M. Mesmer : il expose les circonstances
qui l'ont déterminé à examiner la doctrine du
magnétisme, et les expériences qu'il a faites
pour fixer son opinion : il rapporte ensuite l'histoire d'une vingtaine de cures opérées sous ses
yeux par le magnétisme, et il prouve qu'elles
sont dues à cet agent. Il répond enfin avec beaucoup de dignité aux imputations faites, soit
contre lui, soit contre M. Mesmer.

Il n'y a pas la moindre exagération dans cet
écrit : le ton en est simple et décent. M. d'Eslon ne s'attribue aucune découverte, il ne paroît
mû par aucun intérêt de fortune ou de réputation, mais uniquement par l'amour de la vérité,
le zèle de la justice et le sentiment de ses devoirs. Il se présente comme observateur, et il
enchaîne les faits et les raisonnemens.

Je dois dire ici que je connois l'une des personnes dont M. d'Eslon raconte la guérison. Cette personne, qui croit devoir la vie à M. Mesmer, m'a confirmé le fait, et m'a peint l'état dans lequel elle étoit comme bien plus alarmant que ne le dit M. d'Eslon.

Je dois remarquer encore dans cet écrit une observation qui a été constamment vérifiée depuis ; c'est que plusieurs malades s'attachent au magnétisme, non point par imagination, mais par un effet du remède.

Nous avons aujourd'hui bien d'autres preuves du magnétisme qu'on n'en avoit en 1780 ; mais il est toujours intéressant de connoître les effets qu'on en a d'abord éprouvés, et les obstacles qu'on a opposés à ceux qui ont voulu se livrer à l'examen et à l'application d'une nouvelle découverte.

§. II. *Lettre de M. d'Eslon, docteur-régent de la faculté de médecine de Paris, premier médecin de monseigneur le comte d'Artois ; à M. Philip, doyen en charge de la même faculté.* In-8°, 144 pages. La Haye, 1782.

Quoique l'ouvrage dont je viens de parler soit rédigé avec beaucoup de sagesse, et que l'auteur y montre partout les plus grands égards pour ses confrères, et le plus profond respect pour la compagnie dont il étoit membre, sa publication excita l'indignation de la faculté. On fit un crime à M. d'Eslon d'avoir examiné le magnétisme, d'avoir eu des relations avec M. Mesmer, d'avoir osé faire connoître son opinion ; on convoqua des assemblées pour délibérer contre lui, on l'attaqua de la manière la plus indécente et la plus injurieuse, et on lui enjoignit de désavouer son livre, sous peine d'être rayé du tableau. C'est pour justifier sa conduite, et pour se plaindre de celle qu'on tenoit à son égard, que M. d'Eslon fit imprimer sa lettre à M. Philip. Il se défend avec autant de modération que de force, et sans oublier un moment le respect dû à la faculté. Il faut lire cette lettre, si l'on veut avoir une idée de la violence avec laquelle on attaquoit une découverte dont plusieurs médecins étoient partisans. Je me bornerai à remarquer que le rapport des commissaires n'étant pas encore fait, ceux qui n'avoient rien examiné n'avoient nul droit de soumettre les autres à leur opinion, et je demande si des hommes qui s'étoient prononcés avec un tel emportement pouvoient être regardés comme des juges impartiaux.

En parlant des obstacles qu'on oppose à l'examen du magnétisme, M. d'Eslon est conduit à traiter plusieurs questions importantes. Ce qu'il dit de la constitution de l'ancienne université, et des services que ce corps célèbre a rendus avant le dix-septième siècle, est plein de justesse. Ses réflexions sur l'établissement des académies, sur l'influence qu'elles ont exercée, et sur les inconvéniens qui naissent de leur régime, sont assurément dignes d'être examinées par l'esprit philosophique : le tableau qu'il trace des abus qui se sont introduits, soit dans l'éducation de la jeunesse, soit dans les institutions destinées à répandre les connoissances, et des moyens les plus propres à remédier à ces abus, est d'autant plus intéressant, que la plupart des réformes qu'il propose ont été faites depuis. Je ne prétends pas que nous en ayons l'obligation à M. d'Eslon ; mais cela prouve du moins la sagesse de ses vues et la justesse de son esprit.

La lettre de M. d'Eslon est terminée par un très-bel éloge de M. Mesmer. En lisant ce morceau, on est vraiment affligé de penser qu'un an après M. Mesmer crut avoir à se plaindre de celui qui l'avoit si dignement célébré, et qui avoit été exposé pour lui à tant de désagrémens. Pourquoi faut il que de petits intérêts puissent troubler l'union qui devroit régner toujours entre les amis de la vérité?

§. III. *Lettre d'un médecin de la faculté de Paris à un médecin du collége de Londres ; ouvrage dans lequel on prouve que le Magnétisme animal n'existe pas.* In-8°, 69 pages. A La Haye, 1781.

Le but de cette lettre est opposé à celui qu'annonce le titre. M. Bergasse, qui en est l'auteur, y a mis cette force de logique, cette élocution brillante et ces traits de sentiment qu'on remarque dans ses autres écrits. Il y fait sentir la fausseté et le ridicule des objections contre le magnétisme, par la manière dont il les expose, et il met dans tout leur jour l'importance et les preuves de la doctrine de M. Mesmer, tout en disant que ce sont des absurdités. La plaisanterie est d'autant plus piquante, que le ton est en général grave et sérieux. On est fâché de trouver dans cet ouvrage beaucoup d'exagération relativement à l'efficacité du magnétisme, et les déclamations les plus injustes contre les abus de la médecine, et les préjugés des médecins.

§. IV. *Lettre de l'auteur du Monde Primitif, à MM. ses Souscripteurs.* In-4°, 47 pag. Paris, 1783.

M. Court de Gebelin étoit depuis six mois très-malade; il avoit épuisé les ressources de la

médecine, et n'avoit plus aucun espoir de recouvrer la santé, lorsqu'un de ses amis amena chez
lui M. Mesmer le 25 de mars 1783. M. de Gebelin regardoit le magnétisme comme une chimère ; cependant, pour ne pas résister aux ins-
tances de son ami, il consentit à se faire porter
au baquet. Peu de jours après il se trouva mieux,
et dans un mois il fut, ou crut être parfaitement
rétabli. Alors il reprit ses travaux, interrompus
depuis un an ; mais au lieu de donner à ses souscripteurs le dixième volume du Monde Primitif,
qu'il n'avoit pas eu le temps de terminer, il crut
devoir leur adresser d'abord une lettre qui contient l'histoire de sa maladie et de sa guérison,
et dans laquelle il examine ce qu'il faut penser
du magnétisme.

Dans cette lettre composée d'une série de
questions, M. de Gebelin prouve incontestable-
ment qu'il étoit dangereusement malade, qu'il
est guéri, et que sa guérison est l'effet du magnétisme. Il cite ensuite plusieurs autres guérisons
opérées par M. Mesmer ; il discute l'importance
de la découverte ; il expose la théorie sur laquelle elle est fondée, les principes qui en sont
la base, les objections qu'on lui a opposées, et
la conduite qu'on a tenue envers son auteur. Il
examine enfin si la connoissance du magnétisme
tient aux temps primitifs, et il se décide pour

l'affirmative , en convenant toutefois que si les premières sociétés en ont joui , elles n'ont pas su la raisonner , qu'elle a été concentrée dans un petit nombre d'hommes, et que les effets en ont été confondus avec beaucoup de superstitions.

« Les effets merveilleux du magnétisme, dit-il, devinrent une source de vains préjugés , lorsqu'on en eut oublié l'origine , et qu'ils ne furent connus que par une tradition affoiblie et dégradée. Cet agent devient donc actuellement une clef au moyen de laquelle on retrouve l'origine de ces préjugés dont la cause étoit inconnue , et qui ne pouvoient être, comme on le croyoit mal à propos, l'effet de la simple ignorance, d'une sotte crédulité , ou d'une vaine superstition. L'ignorance n'enfante rien ; la superstition ne crée pas, elle abuse et corrompt. »

La lettre de M. Gebelin est curieuse et bien raisonnée , jusqu'au moment où il parle des prodiges que le magnétisme peut opérer. Alors il se livre à son enthousiasme , et il en exagère l'efficacité jusqu'à donner dans des rêveries. Cet enthousiasme est excusable dans un homme qui, après de longues souffrances , lui devoit le retour de sa santé; mais il dut nuire à la cause que l'auteur vouloit défendre.

Un an après sa guérison M. de Gebelin

tomba de nouveau malade, et il succomba à cette maladie le 12 mai 1784.

On juge bien que cette mort fournit des armes aux ennemis de M. Mesmer : on avoit dit d'abord que M. de Gebelin n'avoit jamais été malade, on dit alors qu'il n'avoit jamais été guéri. On n'a pas le courage de répondre à de pareils sophismes. Aucun des enthousiastes du magnétisme n'a jamais avancé qu'il guérissoit toutes les maladies actuelles et prévenoit toutes les maladies à venir. Dans sa lettre, M. de Gebelin atteste que depuis cinq mois il étoit mourant, et qu'après un mois de traitement il s'est trouvé non-seulement guéri, mais jouissant d'une santé qu'il avoit perdue depuis vingt ans. C'est ce dont il pouvoit juger mieux que personne.

Un an après il tombe malade, il a recours à M. Mesmer : celui-ci voit que cette nouvelle maladie est incurable : malgré cela, il ne refuse point ses soins à l'infortuné qui vient les réclamer ; l'humanité l'emporte en lui sur toute autre considération. Cette circonstance qu'on a fait valoir contre M. Mesmer est honorable pour son caractère. Après la mort de M. de Gebelin, l'ouverture du corps prouva que la désorganisation des reins rendoit la mort inévitable. Peut-on dire que cette maladie eût quelque rapport à celle dont il avoit été guéri précédemment ? Quel scroit le remède qu'il ne faudroit proscrire, s'il suffisoit pour cela de citer des exemples de gens qui sont morts un an après en avoir fait usage?

Voyez la lettre sur la mort de M. Court de Gebelin, suivie du procès-verbal de l'ouverture du cadavre, datée du 13 mai 1784.

La lettre de M. de Gebelin à ses souscripteurs et celle sur sa mort ont été imprimées plusieurs fois : l'une et l'autre font partie du *Recueil des pièces les plus intéressantes relatives au magné-tisme*, où elles occupent 110 pages.

# CHAPITRE III.

ATTAQUES DIRECTES CONTRE LE MAGNÉTISME.

§. I. *Mesmer justifié.* In-8°, 46 pag. 1784.

CETTE brochure eut dans le temps un succès prodigieux. Il est impossible de répandre le ridicule avec plus d'esprit et de gaieté. La plaisanterie est d'autant plus piquante, que l'auteur a l'air d'exposer de bonne foi la théorie et les procédés du magnétisme. On ne peut le blâmer puisqu'il regardoit la nouvelle doctrine comme une chimère, mais on doit regretter que l'erreur dans laquelle il étoit l'ait porté à faire un mauvais usage de ses talens.

§. II. *L'Antimagnétisme, ou Origine, progrès, décadence, renouvellement et réfutation du Magnétisme animal.* 1 vol. in-8°, 252 pages. Londres, 1784.

C'est la diatribe la plus violente qu'on ait publiée contre M. Mesmer, et celle dans laquelle il y a le plus de talent. L'ouvrage, très-bien écrit et très-intéressant par les recherches d'érudition, est divisé en quatre parties.

Dans la première on indique les sources où M. Mesmer a puisé son système. Ce sont Paracelse, Van-Helmont, Robert Flud, Kircher, Wirdig et Maxwel. Après avoir analysé les écrits de ces visionnaires, auxquels on ne peut refuser un certain génie, on cherche à prouver que M. Mesmer, en empruntant leurs idées, n'a pas su les faire valoir, et qu'il en a détruit l'enchaînement. On trace ensuite le tableau des disputes auxquelles ont donné lieu plusieurs chimères analogues au magnétisme, et qui ont eu de même des partisans; comme la vertu sympathique des remèdes, l'onguent des armes, la transplantation des maladies, etc.

La seconde partie contient l'exposition et la réfutation de la théorie générale de M. Mesmer : cette réfutation auroit pu être d'un ton plus grave, mais elle me paroît sans réplique.

Dans la troisième partie on expose les procédés dont M. Mesmer fait usage, et l'on sent bien que ces procédés sont présentés de manière à les rendre ridicules. On discute ensuite les guérisons attribuées à M. Mesmer, on soutient qu'il n'y en a pas une de réelle, qu'aucun de ses pronostics ne s'est vérifié, et qu'un grand nombre de ceux qui se sont adressés à lui sont morts à la suite de son traitement.

Cette troisième partie est inexcusable dans le

fond, indécente dans la forme ; elle est en contradiction avec ce qu'ont attesté les observateurs les plus sages : en exagérant non-seulement les assertions des commissaires de la société de médecine, mais encore les imputations des plus violens antagonistes du magnétisme, en accablant M. Mesmer de sarcasmes et d'injures, en niant absolument tout, en traitant de dupes et d'insensés ceux qui ont cru voir quelques effets, l'auteur perd ses droits à la confiance.

La quatrième partie est la relation de plusieurs faits semblables aux résultats du magnétisme. On y voit l'histoire des *Saludadores* d'Espagne ; celle de Valentin Greterick (ou Greatrakes), célèbre en Irlande en 1665 ; celle de Graaham, charlatan qui fit un moment sensation à Londres en annonçant un secret merveilleux ; celle d'un homme qui fut connu à Paris en 1772, sous le nom de Toucheur, et qui y fit des cures singulières ; celle d'un juif nommé Léon, qui vendoit à Paris des miroirs constellés, et dont la fourberie fut bientôt découverte ; celle des convulsionnaires de France et d'Allemagne ; enfin celle de Gassner, qui, peu de temps avant M. Mesmer, faisoit en Allemagne des prodiges encore plus étonnans.

Cette partie est très-curieuse : elle nous apprend à nous défier des illusions que l'enthousiasme peut produire; mais elle ne prouve rien contre le magnétisme. Greatrakes, le Toucheur de Paris et Gassner ne cherchoient point à faire fortune; ils se croyoient le don de guérir les maladies par l'attouchement, ils produisoient des effets par le magnétisme, quoiqu'ils les attribuassent à d'autres causes; c'est ce que prouvent les guérisons qu'ils ont opérées, et dont il est difficile de nier la réalité. La connoissance du magnétisme nous apprend aujourd'hui, non point à nier certains faits merveilleux qui peuvent être fort exagérés dans les circonstances, quoique bien attestés pour le fond, mais à ne point en chercher l'explication dans une philosophie occulte ou dans des opinions superstitieuses.

En accordant à l'auteur de *l'Antimagnétisme* tout ce qu'il est possible de lui accorder, en admettant qu'il ait parfaitement saisi et fidèlement rendu la série des idées qu'il combat, en supposant enfin qu'il ait raison toutes les fois qu'il oppose ses propres opinions à celles de son adversaire (ce qui seroit aller beaucoup trop loin), il résulteroit de cet ouvrage, 1° que la théorie de M. Mesmer sur le magnétisme est hypothétique; que ses propositions à ce sujet sont obscures et incohérentes, qu'elles ne sont pas neuves, et qu'elles ne conduisent à aucun résultat utile;

2° que la doctrine de M. Mesmer sur la cause et la nature des maladies est erronée, et contraire aux principes reconnus par les médecins et les physiologistes.

Mais il n'en résulteroit nullement que les procédés du magnétisme enseignés par M. Mesmer ne produisent point d'effet, et qu'ils ne puissent être appliqués avec succès à la guérison de plusieurs maladies.

Je n'ai pas besoin de rappeler ici que cet ouvrage, publié en 1784, ne répond à aucune des preuves positives qui n'ont été connues que depuis cette époque.

# CHAPITRE IV.

*Recherches et doutes sur le Magnétisme animal,
par M. Thouret. 1 vol. in-12. Paris, 1784.*

M ALGRÉ les attaques dirigées depuis quatre
ans contre le magnétisme par des hommes à qui
leur état et leurs connoissances donnoient beaucoup d'influence sur l'opinion, malgré l'obstina-
tion avec laquelle on en nioit les effets et le
ridicule qu'on cherchoit à répandre sur ses partisans, des phénomènes nouveaux continuoient
d'exciter l'étonnement, et l'auteur de la découverte fixoit l'attention publique par la grandeur
et la singularité de ses idées. Ceux même qui re-
gardoient son système comme une erreur recon-
noissoient que cette erreur étoit celle d'un
homme de génie, d'un de ces hommes qui, en
ébranlant des opinions généralement reçues,
ouvrent une nouvelle carrière à l'activité de
l'esprit humain. Il falloit dépouiller M. Mesmer
de cette célébrité, pour qu'on cessât de s'occuper de sa doctrine. C'est le but principal des
recherches de M. Thouret.

La clarté avec laquelle cet ouvrage est rédigé,

le ton de modération qui y règne, l'érudition
dont il est rempli, et la réputation de son auteur ont également contribué à son succès. Mais
si on le lit avec attention, on reconnoîtra qu'il
ne prouve rien contre le magnétisme ; on s'éton-
nera même que M. Thouret, homme d'un esprit
droit, ait pu être lui-même la dupe de l'adresse
qu'il emploie pour entraîner ses lecteurs. Je
suis bien loin de soupçonner la bonne-foi de
M. Thouret. Je vois dans son ouvrage une
preuve frappante de l'influence que l'esprit de
parti peut exercer sur les hommes les plus hon-
nêtes et les plus éclairés.

Je n'entreprendrai point d'examiner si dans
certains livres, justement condamnés à l'oubli à
cause des rêveries superstitieuses de leurs auteurs,
il ne peut pas se rencontrer quelques principes
d'une vérité profonde, et si, pour démêler ces
principes parmi les absurdités avec lesquelles ils
sont confondus, il ne faudroit pas avoir des connoissances et une sagacité qui rendroient tout
aussi facile de les découvrir dans la nature. Je
me bornerai à quelques observations qui suffi-
ront, je crois, pour prouver que les raisonnemens de M. Thouret sont insidieux, et qu'ils ne
sont nullement concluans.

M. Thouret montre d'abord que la théorie de
M. Mesmer se trouve toute entière dans plusieurs

écrivains du dix-septième siècle, et particulièrement dans Maxwel ; j'en conviens : il dit ensuite qu'on a renoncé à cette théorie ; cela peut être encore. Mais a-t-il droit d'en conclure qu'elle est une erreur? Pour que cette conclusion fût fondée, il auroit fallu, ce me semble, montrer non-seulement qu'on y avoit renoncé, mais qu'on l'avoit réfutée par des raisons solides. C'est ce qu'il a jugé inutile. Il raisonne comme auroit pu le faire, contre Galilée, celui qui auroit dit que le mouvement de la terre avoit été une opinion avancée dès le temps de Pythagore, et que, comme on l'avoit abandonnée, il étoit ridicule de la renouveler. La chute des pierres de l'atmosphère a été reconnue par les anciens; et sitôt qu'on a étudié la physique, on l'a niée comme une absurdité : faut-il en conclure qu'on a tort aujourd'hui de croire de nouveau à la chute des pierres de l'atmosphère? Non, dira-t-on, parce que de bons observateurs en ont vu tomber, et que des chimistes les ont analysées, et ont reconnu qu'elles étoient toutes de même nature. Mais un grand nombre d'hommes sages n'ont-ils pas également attesté les effets du magnétisme, et ne trouvons-nous pas autour de nous bien des gens qui les ont éprouvés? Au reste, il y a ici deux choses qu'il faut distinguer ; la théorie et les faits. La théorie peut être fausse, non point parce qu'on en trouve les bases dans Paracelse, Van-Helmont, Wirdik, Maxwel, etc., mais parce qu'elle contrarie quelques-unes des lois de la physique ; les faits cités à l'appui de cette théorie ne peuvent perdre de leur authenticité, parce qu'ils ont été vus en divers pays et à diverses époques. Dire que dans tous les temps il s'est trouvé des gens qui les ont niés, ce n'est pas prouver qu'on ait le droit de les nier aujourd'hui. Cette conclusion est une pétition de principe, puisque la question est de savoir s'il faut les nier ou les admettre.

M. Thouret cite ensuite l'histoire de plusieurs hommes qui, comme M. Mesmer, ont fait des guérisons prodigieuses en employant des moyens analogues aux siens. Ces guérisons, dit-il, ont été fort bien attestées ; or ceux qui les ont opérées étoient des charlatans et des imposteurs ; la plupart même de ces guérisons n'étoient pas réelles, donc on ne doit accorder aucune confiance à M. Mesmer. Voilà à peu près à quoi se réduit l'argument de M. Thouret. Il est répréhensible dans les principes, et faux dans les conséquences.

Greatrakes en Irlande, Gassner en Allemagne, ont fait beaucoup de bruit par les guérisons qu'ils ont opérées, et ces guérisons sont certifiées par de nombreux témoins : a-t-on droit pour cela d'affirmer qu'elles sont fausses? N'y a-t-il pas même une extrême injustice à M. Thouret de traiter Greatrakes et Gassner d'imposteurs? Dans son système , il eût dû les nommer des enthousiastes ; cela est très-différent, et n'auroit cependant pas affoibli la thèse qu'il veut soutenir.

Les magnétiseurs regarderont comme une preuve en leur faveur ce que M. Thouret présente comme une objection. Greatrakes et Gassner s'étoient persuadés qu'ils avoient reçu de Dieu le don de guérir certaines maladies ; en conséquence ils touchoient les malades avec une volonté forte de les guérir , avec foi , avec confiance : c'est là tout le magnétisme. S'ils n'ont guéri personne , le magnétisme est une chimère; s'ils ont opéré des guérisons , ces guérisons sont une preuve incontestable du magnétisme. Or ces guérisons ont été parfaitement attestées; la réputation qu'ont eue dans leur temps ceux qui les ont opérées le prouve assez; M. Thouret en convient lui-même. Ils n'ont pas toujours réussi : je le crois bien ; leur erreur consistoit à ne pas connoître les limites de leur puissance.

De quel droit M. Thouret traite-t-il ces hommes d'imposteurs ? Greatrakes et Gassner ne cherchoient point à faire leur fortune , c'étoient des enthousiastes qui croyoient avoir le don des miracles. Sans se douter du vrai principe de l'action qu'ils exerçoient, ils magnétisoient réellement comme on a magnétisé depuis. Il en étoit de même du toucheur de Paris qui guérit plusieurs malades en 1772. A la vérité il s'est trouvé des charlatans qui se sont attribué la faculté d'opérer des prodiges; mais cela ne prouve pas plus la fausseté du magnétisme que celle de la médecine. Il est injuste de confondre des hommes qui touchoient des malades uniquement dans la vue de faire du bien, avec des gens sans aveu, qui, repoussant tout examen, ont voulu s'enrichir en levant un impôt sur la foiblesse et la crédulité. Il l'est également de confondre les cures opérées par le magnétisme, avec celles qui ont été attribuées à la poudre de sympathie, à l'onguent des armes, et à d'autres superstitions ridicules. Jamais les magnétiseurs n'ont adopté de telles folies.

La seule objection qui paroisse d'abord difficile à résoudre, c'est que plusieurs de ceux qui avoient opéré des guérisons pendant plusieurs années ont cessé d'en opérer, sitôt qu'en les accusant d'être des charlatans, on est parvenu à les mettre en défaut. Mais la réponse à cette objection est bien simple. Tous ceux qui connoissent le magnétisme savent qu'il ne guérit pas toujours, à beaucoup près; ils savent que la confiance en sa puissance est une condition indispensable pour le succès. Or lorsque vous mettez en défaut un enthousiaste, en lui prouvant qu'il n'a pas réussi, il n'a plus de confiance, et dès-lors il ne peut plus agir. Cela ne vous arrivera point aujourd'hui avec les magnétiseurs, parce qu'en traitant une maladie ils savent fort bien que la nature peut s'opposer à la guérison, et que le succès qu'ils n'ont pas obtenu sur un malade ils l'obtiendront sur un autre.

M. Thouret raisonne fort bien sur le pouvoir de l'imagination; mais il reconnoît que, parmi ceux qui ont attesté les effets du magnétisme, il se trouve un grand nombre d'hommes éclairés et de médecins. Comment peut-il supposer que de tels hommes, qui sans doute n'ignoroient pas le pouvoir de l'imagination, aient négligé d'examiner le rôle qu'elle jouoit dans les phénomènes ?

M. Thouret est si embarrassé d'expliquer les guérisons opérées par Gassner et par M. Mesmer, qu'il soupçonne que l'un et l'autre faisoient usage de quelques préparations dont ils s'imprégnoient les mains pour agir sur leurs malades. « Si l'on se rappelle, dit-il, que Gassner avant ses opérations se frottoit fortement les mains sur son mouchoir et sa ceinture, on pourra croire que ces présomptions avoient quelque fondement. » On auroit droit de s'égayer ici aux dépens de M. Thouret, s'il n'avoit ajouté que plusieurs personnes, dont on ne peut révoquer en doute la bonne foi, produisent les effets attribués au magnétisme, sans employer de pareils moyens. Je me borne à dire que si, comme M. Thouret l'insinue, il est des substances qui peuvent communiquer la faculté de guérir certaines maladies par l'imposition des mains, il eût beaucoup mieux fait d'employer son temps à en découvrir le secret, qu'à chercher dans plusieurs auteurs oubliés des propositions analogues à celles de la théorie de M. Mesmer.

Il résulte de l'ouvrage de M. Thouret que le magnétisme a été pratiqué dans plusieurs pays et à diverses époques, et qu'on en a toujours obtenu les mêmes effets que nous en obtenons aujourd'hui ; mais ceux qui en ont fait usage ne sachant pas que la faculté dont ils étoient doués appartenoit plus ou moins à tous les hommes, et n'ayant pas formé d'élèves, leurs procédés sont tombés dans l'oubli, et dès-lors on a nié ce qui avoit été reconnu vrai de leur temps.

Il en résulte encore que des médecins, tels que Maxwel, avoient donné une théorie du magnétisme, mais que cette théorie étant confondue avec des erreurs de physique, et n'étant pas claire, il s'est trouvé peu de gens assez convaincus pour employer convenablement l'agent dont on leur avoit exagéré la puissance.

Aujourd'hui ce ne sont plus seulement de nombreux témoins qui attestent les guérisons opérées par M. Mesmer, ce qu'on pourroit toujours soupçonner la suite d'une illusion ; ce sont des élèves qui, en employant les procédés de leur maître, obtiennent partout les mêmes effets, et qui mettent ceux qui veulent s'instruire de leur doctrine à portée de la vérifier par leur propre expérience.

Je crois inutile de m'arrêter plus long-temps sur les *Recherches et doutes*, M. de Puységur y répondit par une lettre très-polie qu'on refusa d'insérer dans les journaux (1). M. Mesmer y fit aussi une réponse très-courte, mais pleine de force et de noblesse (2) : il y en a encore trois où l'on démontre que M. Thouret se trompe dans l'exposition des faits, et qu'il en tire les conclusions les plus fausses (3). Mais je ne crois

---

(1) Elle se trouve dans les mémoires sur le magnétisme, t. 1, p. 463.

(2) Imprimée dans le recueil des pièces intéressantes relatives au magnétisme, p. 463.

(3) Observations sur le livre de M. Thouret, intitulé, etc. In-8°, 42 p. Bruxelles, 1784.

Lettres sur le Magnétisme animal, où l'on discute l'ouvrage de M. Thouret et le rapport des commissaires. In-8°, 104 pages. Bruxelles, 1784.

pas que dans aucun ouvrage on ait entrepris d'examiner à fond si la théorie de M. Mesmer est vraiment la même que celle de plusieurs écrivains du seizième et du dix-septième siècle. Il me semble que la conformité de quelques propositions ne prouve nullement celle du système général. Au reste cette discussion est assez inutile aujourd'hui : je ne crois pas même qu'elle intéresse la gloire de M. Mesmer, qui est certainement un génie bien supérieur à ceux desquels on a prétendu qu'il avoit emprunté sa doctrine.

---

Lettre de M. A. à M. B., sur le livre intitulé *Recherches et Doutes*, etc. 22 août 1784. Bruxelles. In-8°, 42 p.

Cette dernière réponse est fort intéressante. L'auteur décrit en peu de mots le traitement de M. le marquis de Tissart ; il rétablit la vérité des faits sur celui de M. Mesmer ; il fait observer qu'au traitement gratuit établi par ce dernier, il n'y avoit sur cent malades que cinq ou six jeunes femmes, et que tous les autres étoient des personnes d'environ soixante ans. Il soutient enfin, et c'est une vérité importante, que l'imagination à laquelle on attribue les effets du magnétisme est le plus grand obstacle à son action bienfaisante.

« Cette faculté, dit-il, résulte de la réunion en un seul point d'un grand nombre de forces qui devroient être divisées. Il faut que le magnétisme ramène d'abord chaque partie à la place qu'elle doit occuper, et cela est plus difficile que de rectifier une seule partie qui se seroit dérangée. »

Les plus grands effets du magnétisme ont toujours eu lieu sur des paysans et sur des personnes qui n'avoient que très-peu d'imagination.

# CHAPITRE V.

### DES RAPPORTS DES COMMISSAIRES, ET DES RÉPONSES QUI Y ONT ÉTÉ FAITES.

§. I. *Rapport des commissaires chargés par le roi de l'examen du Magnétisme animal* (1).

---

JE ne donnerai point l'analyse du rapport fait par MM. les commissaires de l'académie des sciences et de la faculté de médecine : il a été répandu avec une telle profusion, qu'il se trouve dans toutes les bibliothèques. Le nom des auteurs et le talent supérieur avec lequel il est rédigé lui ont donné une grande célébrité, et ceux qui veulent nier l'existence du magnétisme le citent encore comme une autorité imposante. Je l'ai relu attentivement, et je conviens que ce n'est pas sans raison que MM. les commissaires ont attaqué plusieurs propositions de la théorie de M. Mesmer, et quelques-unes des pratiques

---

(1) Rapport des commissaires de la Faculté de Médecine et de l'Académie des Sciences, etc., rédigé par M. Bailly. Paris, août 1784. In-4°, 66 p. In-8°, 80 p.

2° Rapport des commissaires de la Société royale de Médecine, etc. Paris, 29 août 1784. In 4°, 59 pag.

3° Rapport de l'un des commissaires (M. de Jussieu). Paris, 1784. In-4°, 51 p. In-8°, 79 p.

en usage alors dans les traitemens publics. Je pense même que les motifs qu'ils ont donnés de leur décision ont eu les conséquences les plus utiles, en ce qu'ils ont engagé les magnétiseurs à renoncer à tout appareil étranger, à se défier de l'influence que l'imagination pouvoit avoir sur les effets, à éviter soigneusement les convulsions, à ne plus associer des faits positifs à une théorie hypothétique, à ne plus prétendre expliquer par cette théorie le système de la nature physique et morale, à recueillir des observations en silence, et à les comparer avec lenteur pour en obtenir des résultats; enfin à s'attacher uniquement à seconder la nature pour le soulagement et la guérison des maladies. Les contradictions retardent sans doute la marche de la vérité; mais elle se fortifie au milieu des obstacles. Les erreurs dont elle est presque toujours environnée à sa première apparition périssent dans la lutte qu'elle est obligée de soutenir, et c'est alors qu'elle se montre dans toute sa pureté, et qu'elle est appréciée à sa juste valeur.

Les personnes qui ont fixé leur opinion d'après le rapport de MM. les commissaires ne se doutent pas que le tableau qu'on y fait du magnétisme ne présente que des circonstances étrangères au phénomène principal, et qu'il n'y a pas une seule objection qui porte sur le fond de la chose. C'est ce dont il est facile de se convaincre en consultant les personnes qui ont assisté aux traitemens de MM. Mesmer et d'Eslon, et mieux encore en voyant magnétiser, ou en magnétisant soi-même.

La décision des commissaires de l'académie et de la faculté détermina celle des commissaires de la société royale de médecine : le rapport de ces derniers fit moins de sensation, parce qu'il n'est pas, à beaucoup près, aussi bien écrit, et qu'on n'y trouve pas des digressions brillantes sur l'imagination, sur l'imitation, et de ces idées générales qui ont l'apparence de la philosophie. Je me bornerai à en citer un seul passage, qui suffira, je crois, pour montrer l'exactitude des auteurs dans l'exposition des faits, et leur logique dans l'explication.

« Ce qu'on appelle magnétisme, disent MM. les commissaires, réduit à sa valeur par l'examen des faits et des circonstances, n'est que l'art de disposer les sujets sensibles à des mouvemens convulsifs, et d'exciter ces mouvemens par une cause déterminante et immédiate. »

Dans quel traitement MM. les commissaires avoient-ils vu que le magnétisme se bornât à exciter des mouvemens convulsifs? L'effet le plus ordinaire a toujours été le sommeil : ce qui est précisément le contraire des convulsions.

Mais enfin quelle est la *cause déterminan'e et immédiate* qui excite ces mouvemens convulsifs? MM. les commissaires ne sont pas embarrassés de nous l'apprendre.

Lorsqu'on touche, c'est l'attouchement. «Lorsqu'on n'agit que par la simple direction du doigt ou d'un conducteur à une certaine distance, c'est l'impression de l'air agité par les mouvemens que l'on exécute. Deux autres causes concourent avec celle-ci, et suffisent, lorsqu'elle n'a pas lieu, pour la suppléer : ces causes sont la chaleur communiquée par la proximité de la main et l'émission de l'insensible transpiration. »

Conçoit-on que des hommes éclairés aient osé attribuer les effets les plus extraordinaires à des causes qui agissent sur nous dans tous les instans ?

M. de Jussieu étoit du nombre des commissaires de la société royale de médecine, et comme les faits qu'il avoit examinés avec ses collègues lui avoient paru offrir des preuves certaines de l'action du magnétisme, il refusa de joindre sa signature à la leur, et crut devoir faire un rapport particulier. Ce rapport remarquable par des vues très-philosophiques, par des observations faites avec toutes les précautions imaginables, et par une réserve scrupuleuse dans les conclusions, est, à tous égards, digne de la réputation

de M. de Jussieu : il prouve également la justesse de son esprit et la droiture de son caractère. Il lui feroit plus d'honneur encore si l'on
savoit combien il lui fallut de courage pour le
publier.

Les rapports des commissaires donnèrent lieu
à de vives réclamations, et ils furent attaqués
directement ou indirectement dans un grand
nombre d'écrits. Il seroit trop long de rappeler
ces diverses réponses qui conduisent toutes au
même résultat. Je me bornerai à dire un mot de
celles de MM. d'Eslon, Galard de Montjoye,
Bonnefoi, Servan, Bergasse et de deux anonymes. Je les choisis parce que le travail de
MM. les commissaires est envisagé dans chacune
sous un point de vue particulier.

§. II. *Rapport secret sur le Mesmérisme, présenté au ministre par les commissaires de
l'académie et de la faculté* (1).

Dans ce rapport on accuse le magnétisme
d'être dangereux pour les mœurs, et l'on attribue les crises des femmes à l'impression que le
magnétisme fait sur leurs sens, même sans qu'elles
s'en doutent : comme si les hommes, les enfans

---

(1) Il se trouve dans le *Conservateur*, tome 1. On a lieu d'en
être surpris, puisque les commissaires n'avoient pas jugé convenable de le publier.

et les vieillards n'étoient pas susceptibles des mêmes crises.

Que MM. les commissaires eussent dit que le magnétisme, par les pratiques qui le mettoient en action, pouvoit avoir des inconvéniens, rien de plus simple, si ce danger imaginaire les avoit alarmés ; mais attribuer des effets généraux à une cause qui ne sauroit agir que sur un petit nombre d'individus, c'est une absurdité.

Au reste, les traitemens publics n'existent plus ; les femmes peuvent être choisies pour magnétiser les personnes de leur sexe ; les crises nerveuses sont devenues infiniment rares, et les abus qu'on supposoit alors ne sauroient désormais avoir lieu. Je crois donc pouvoir me dispenser de répondre à ce rapport. Il ne me seroit d'ailleurs pas possible d'en entreprendre la discussion, sans sortir des bornes de la décence, dont MM. les commissaires s'annoncent comme les plus zélés défenseurs.

§. III. *Observations sur les deux rapports de MM. les commissaires, par M. d'Eslon. In-4°, 31 pages. 1784.*

Comme c'étoit chez M. d'Eslon que MM. les commissaires avoient examiné le magnétisme, il étoit du devoir de ce médecin de discuter leur rapport. En remplissant cette tâche, il ne s'écarte pas un moment des égards dus à ses juges, il ne se permet pas la moindre déclamation , il ne s'appuie sur aucun témoignage étranger , et c'est uniquement d'après les aveux contenus dans le rapport qu'il démontre que les commissaires se sont refusés à faire la plupart des expériences nécessaires pour s'éclairer , et qu'ils n'ont pas tiré de celles qu'ils ont faites les conséquences auxquelles elles conduisoient.

M. d'Eslon, après avoir exposé succinctement ses principes aux commissaires, étoit convenu avec eux de la marche qu'il convenoit de suivre. Ils devoient examiner les malades et les effets curatifs que produiroit l'action continuée du magnétisme ; mais bientôt ils renoncèrent à ce plan ; ils refusèrent d'entrer dans les salles de traitement , et voulurent se borner à observer l'action physique et apparente du magnétisme. Dès-lors il n'y eut plus d'intelligence entre eux et M. d'Eslon , et ils firent même leurs expériences à son insçu.

« S'ils m'avoient averti , dit M. d'Eslon , qu'ils borneroient là leur examen, je les aurois prévenus de son insuffisance ; je leur aurois fait observer que c'est sur le plus petit nombre des malades que le magnétisme produit des effets momentanés et sensibles , que beaucoup de malades guérissent sans avoir éprouvé la moindre sen sation, et que, parmi les personnes susceptibles de l'action momentanée, les effets varient à l'infini... Ces observations auroient ramené·MM. les commissaires au plan que je leur avois proposé. S'ils s'y étoient refusés, convaincu d'avance de l'insuffisance de l'examen qu'ils projetoient, j'aurois cru inutile et même dangereux de leur soumettre celui de mes procédés et de ma théorie. Leur nouveau plan les a conduits d'erreurs en erreurs : je vais le prouver par l'analyse de leurs expériences (1). »

Je ne suivrai point M. d'Eslon dans cette discussion. On ne peut la lire sans être étonné du peu de soin que MM. les commissaires avoient pris pour résoudre une question importante ; et il en résulte évidemment que leur rapport ne prouve rien contre le magnétisme. M. d'Eslon s'élève avec justice contre l'infidélité du tableau qu'ils avoient fait des salles de traitement. Les convulsions étoient rares, à peine se trouvoit-il un dixième des malades qui en fussent affectés,

_______

(1) M. d'Eslon, et tous ceux qui ont répondu au rapport, ont également négligé une remarque importante, et dont l'omission prouve combien le magnétisme étoit peu connu à cette époque. MM. les commissaires disent qu'ils ont magnétisé eux-mêmes, c'est-à-dire qu'ils ont employé les procédés. Mais les procédés ne sont qu'un moyen de diriger le fluide poussé par la volonté. Or, MM. les commissaires, qui ne croyoient pas au magnétisme, n'avoient point cette volonté : il étoit donc impossible que leurs prétendues expériences eussent le moindre succès.

les salles étoient bien aérées, bien éclairées, et tout s'y passoit avec la plus grande décence.

M. d'Eslon finit par dire que la proscription du magnétisme est désormais impossible, puisque M. Mesmer a fait trois cents élèves, et que lui d'Eslon en a fait cent soixante, au nombre desquels se trouvent vingt-un membres de la faculté de Paris, qui persistent à en reconnoître l'efficacité.

§. IV. *Lettre sur le Magnétisme animal, où l'on examine la conformité des opinions des peuples anciens et modernes, des savans, et notamment de M. Bailly, avec celle de M. Mesmer, et où l'on compare ces mêmes opinions au rapport des commissaires ; adressée à M. Bailly, de l'académie des sciences, etc., par M. Galard de Montjoye.* 1 vol. in-8°, 136 p. Paris, 1784.

Cette lettre est écrite avec tous les égards dus au savant illustre à qui elle est adressée. M. de Montjoye divise sa discussion en deux parties. Dans la première il montre que les principes sur lesquels M. Mesmer établit sa doctrine sont conformes à ceux que M. Bailly a soutenus dans l'histoire de l'astronomie, et se retrouvent dans les ouvrages de plusieurs philosophes célèbres. Il expose ensuite avec clarté les objections qu'on peut faire contre le système de physique générale adopté aujourd'hui, et l'insuffisance de ce

système pour expliquer plusieurs des phénomènes de la nature : mais il me semble qu'il traite
des questions au-dessus de sa portée , et dont
l'examen auroit exigé des connoissances mathématiques qui lui manquent. Les explications qu'il
admet ne sont pas plus satisfaisantes que celles
qu'il combat , et tout ce qui reste prouvé en
dernière analyse , c'est qu'on a eu tort de jeter
du ridicule sur les opinions de M. Mesmer.

Au reste , le système du fluide universel , de
l'influence des planètes , etc. est étranger à la
réalité et à l'efficacité du magnétisme. Nous ne
savons pas plus quel principe nous donne la
faculté de magnétiser , que nous ne savons
comment l'action de notre volonté nous donne
la faculté d'exécuter les mouvemens nécessaires
pour la plupart de nos actions. La question est
si lorsqu'on magnétise avec les conditions convenables on produit des effets , et si l'on peut
s'assurer que ces effets ne sont dus ni à l'imagination , ni à l'attouchement, ni à l'imitation , ni à
aucune autre cause indépendante du magnétisme.

C'est ce que M. de Montjoye prouve invinci-
blement dans sa seconde partie , qui, moins
piquante que la première , est cependant bien
plus instructive. En discutant le rapport des
commissaires , il montre qu'ils n'ont fait d'expériences que dans la vue de combattre le magné-

tisme, et que ces expériences ne conduisent nullement aux conclusions qu'ils en ont tirées ; tandis que les résultats qu'ils avouent démontrent l'existence d'un agent inconnu. Il fait ressortir d'une manière fort plaisante ce que les médecins qui ont signé le rapport ont dit sur l'incertitude de la médecine : il est d'accord avec eux sur ce point, qu'il eût mieux fait de leur contester ; car le magnétisme a souvent besoin d'agir de concert avec la médecine ordinaire.

M. de Montjoye cite cinq guérisons subitement opérées sur lui ou par lui. Ces guérisons sont de telle nature qu'on ne peut les nier qu'en disant qu'il en impose volontairement, et que si on les reconnoît il faut les attribuer au magnétisme.

C'est un malheur que le magnétisme ait d'abord été associé à une théorie hypothétique, et que ceux qui ont voulu le défendre aient cru devoir soutenir cette théorie, et attaquer en même temps les principes de physique adoptés par les savans. On auroit dû se borner à examiner, à discuter, à consater les faits. Les partisans du magnétisme, quand même ils auroient eu raison, n'étoient pas de force à lutter contre leurs adversaires dans une discussion sur les lois générales de la nature. C'étoit bien pis quand ils s'attachoient à une hypothèse qui est proba-

blement fausse. Il y a plusieurs phénomènes inexplicables ; quand au lieu de les constater on
veut les expliquer, on risque de donner gain
de cause à ceux qui les nient. Malheureusement
l'enthousiasme et la prudence vont rarement
ensemble.

§. V. *Doutes d'un provincial, proposés à MM. les
médecins-commissaires, etc.* In-8°, 134 pag.
Lyon, 1784. (1)

Les doutes d'un provincial sont un ouvrage
écrit avec beaucoup d'esprit et d'élégance : on
y discute très-bien ce que les commissaires n'ont
pas voulu faire, ce qu'ils ont fait et ce qu'ils
auroient dû faire ; on y montre également l'insuffisance de leurs observations et la fausseté des
conséquences : des plaisanteries fines y sont as-
sociées à des vues philosophiques, et la logique
la plus sévère s'y fait sentir sous les formes variées de l'imagination. Malheureusement tout
cela est gâté par des déclamations contre la
médecine et les médecins. Il faut les pardonner
à un homme qui, pendant vingt-cinq ans, avoit
inutilement cherché dans les remèdes le soula-

_______________

(1) M. Servan, ancien avocat-général au parlement de Gre-
noble, est l'auteur de cet ouvrage, ainsi que de celui qui a pour
titre *Questions du jeune docteur Rhubarbini de Purgandis.* Ce
dernier est une plaisanterie très-gaie, mais très-injuste contre les
médecins.

gement que le magnétisme lui a procuré. Un médecin a répondu aux doutes d'un provincial ; il a très-bien défendu la cause de la médecine : mais il ne réfute aucune des preuves alléguées en faveur du magnétisme, qu'il se borne à traiter de charlatanisme dangereux.

§. VI. *Analyse raisonnée des rapports des commissaires, etc., par J. Bonnefoy, membre du collège royal de chirurgie de Lyon. In-8°, 98 p. Lyon, 1784.*

Cette analyse est d'une sagesse et d'une clarté remarquables. En accablant ses adversaires par la force de sa logique, en les opposant à eux-mêmes, l'auteur a trouvé le moyen de conserver toujours à leur égard le ton de la décence et de la politesse. Il prouve que les assertions des commissaires se contredisent, que le tableau qu'ils ont tracé est infidèle, que les faits qu'ils ont rapportés sont altérés ou tronqués, que les effets dont ils ont été obligés de convenir conduisent à des conséquences opposées à celles qu'ils en ont tirées ; enfin que les preuves du magnétisme ne sont nullement combattues par le rapport, et qu'elles se renouvellent tous les jours à Lyon dans le traitement dirigé par M. Bonnefoy et par deux médecins ses confrères.

·§. VII. *Réflexions impartiales sur le Magné-*
*tisme animal, faites après la publication du*
*rapport de MM. les commissaires,* etc. In-8 ,
48 pag. 1784.

L'auteur rend justice aux talens des commissaires, il loue la pureté de leurs intentions,
et il applaudit aux soins qu'ils se sont donnés
pour connoître la vérité ; mais il prétend qu'on
ne les a pas instruits des vrais principes du magnétisme, et que si ces principes leur eussent
été développés , ils auroient pris d'autres précautions et tiré d'autres conséquences.

« Je connois, dit-il, la théorie de M. Mesmer,
celle de M. d'Eslon et celle de M. le chevalier
de Barberin. (On sait que cette dernière est celle
des spiritualistes.) Dans toutes il y a des choses
importantes, et d'autres sur lesquelles il ne faut
pas encore prononcer ; mais la manipulation est
à peu près la même partout. Je crois que ces
trois systèmes sont encore incomplets , cependant la doctrine du chevalier de Barberin est
plus grande et paroît présenter un système
mieux lié. Elle diffère de celle de M. Mesmer
par le principe qui lui sert de base ; aussi les résultats sont-ils plus généraux, et les phénomènes
expliqués d'une manière plus satisfaisante. Ceci
ne diminue point la gloire de M. Mesmer : quoi-

qu'on puisse contester sa théorie, c'est à lui que les hommes sont redevables d'avoir recouvré l'usage d'une de leurs facultés, dont le souvenir même étoit perdu. »

Après avoir proposé des réflexions sages sur l'influence de l'imagination et sur les crises, l'auteur indique une suite d'expériences dont le résultat seroit sans doute très-convaincant: mais je suis persuadé que la plupart de ces expériences ne réussiroient pas. Tous les faits que j'ai vus jusqu'ici me paroissent dépendre d'une cause purement physique, et je ne crois point à la possibilité d'agir magnétiquement sur un individu avec lequel on ne s'est pas mis en rapport par l'attouchement, et de son aveu. Je crois même que, s'il en étoit autrement, le magnétisme seroit une chose dangereuse.

Au reste, quoique l'auteur de cet écrit soit prévenu d'un système que je ne saurois adopter, il réfute complètement les assertions de MM. les commissaires, et il expose très-bien dans quel ordre il faut examiner l'existence, les effets, les causes et l'utilité du magnétisme.

§. VIII. *Observations adressées à MM. les commissaires*, etc., *par un médecin de province.* In-8°, 36 pag. 18 septembre 1784.

L'auteur de cet écrit ne se prononce point en

faveur du magnétisme, mais il démontre que MM. les commissaires n'ont point suivi la marche convenable pour fixer l'opinion publique. Il a suivi le traitement de M. d'Eslon dans le temps où ils alloient examiner, chez ce médecin, la doctrine du magnétisme, et il cite des phénomènes qu'ils ont dû voir, et qu'ils ont passés sous silence, parce qu'ils ne pouvoient être ramenés aux causes auxquelles ils attribuent les autres. Il leur reproche de s'être bornés à rapporter des faits tels, que, s'il n'y eût pas eu autre chose, aucun homme éclairé n'auroit cru nécessaire de recourir à un agent nouveau pour les expliquer.

§. IX. *Supplément aux deux rapports de MM. les commissaires de l'académie et de la faculté de médecine, et de la société royale de médecine.* In-4°, 80 pag. Paris, chez Gueffier, 1784.

C'est la réponse la plus sage et la plus concluante qu'on ait faite aux rapports ; elle est rédigée avec une extrême clarté. Il n'y a aucune idée systématique : on n'y aperçoit pas la moindre trace d'exagération ou d'enthousiasme. Je suis surpris qu'elle n'ait pas fait plus de sensation. Il me paroît qu'elle suffit pour démontrer à tout esprit droit l'injustice des attaques dirigées contre le magnétisme et l'efficacité de cet agent. Il seroit à désirer qu'on l'imprimât de nouveau : le ton en est si noble, la logique si pressante, la question y est réduite à des termes si simples, et considérée sous un point de vue si général, que la lecture en seroit encore aujourd'hui également instructive et intéressante.

L'ouvrage est divisé en deux parties : la première n'a que onze pages, et cependant les rapports y sont tellement sapés par les fondemens, qu'on ne peut concevoir la possibilité d'une réplique. La seconde est un recueil de faits.

Le rédacteur a pensé que pour juger si le magnétisme existe, et s'il est utile, il falloit l'examiner dans ses effets curatifs, et rassembler des témoignages irrécusables, sans s'occuper d'aucun système.

En conséquence il s'est adressé aux malades qui avoient suivi le traitement de M. d'Eslon, et il a obtenu d'eux l'histoire de leur maladie, de leur guérison, et des circonstances qui l'avoient amenée. Ces relations ont été rédigées par les personnes mêmes qui en font le sujet, et qui presque toutes avoient un nom connu et jouissoient dans le monde de beaucoup de considération. Elles sont au nombre de cent onze,

et les malades dont il est question sont divisés
en quatre classes.

1° Les enfans. Pour ceux-ci, l'histoire de leur
maladie a été donnée par leurs parens;

2° Les personnes qui ont été guéries sans éprouver aucune sensation;

3° Celles qui ont éprouvé des effets sensibles;

4° Enfin celles qui ont eu des crises ou des
convulsions.

Aucune de ces histoires ne présente des phénomènes extraordinaires et dont le merveilleux
étonne l'imagination; mais elles contiennent des
détails curieux et propres à démontrer l'efficacité
du magnétisme. La plupart des personnes qui
les ont signées affirment que lorsqu'elles ont eu
recours à ce moyen, comme à une dernière ressource, elles n'y avoient encore aucune confiance.

Je reviens à la première partie. Ce que les
commissaires ont dit de l'attouchement, de l'i-
magination, de l'imitation et des convulsions y
est réfuté en peu de mots et de la manière la plus
lumineuse. Ce qu'il y a surtout de remarquable,
c'est la sagesse de l'auteur dans un temps où les
partisans de la nouvelle doctrine n'étoient pas
moins égarés par l'enthousiasme que leurs adversaires par l'esprit de parti. Voici comment il
s'exprime.

« Les tableaux que nous allons présenter offrent des maladies de toute espèce, des maladies invétérées sur lesquelles l'art de la médecine s'étoit épuisé pendant plusieurs années, et l'on verra cependant un grand nombre de ces malades guéris, presque tous les autres infiniment soulagés, très-peu qui aient eu à se plaindre de la *nullité* du magnétisme, et pas un seul qui l'ait trouvé *nuisible* ou même *dangereux*.

« Ce n'est pas qu'on veuille persuader que le magnétisme soit un remède propre à toutes les maladies.....

« Ce n'est pas non plus qu'on veuille dire qu'il ne soit jamais nuisible. Quel est le remède qui, quoique approprié à un genre de maladie, ne manque jamais son effet, et ne produise même l'effet contraire. L'opium employé pour calmer les douleurs et provoquer le repos, pris à d'autres doses, agite et rend furieux.....

« La nature guérit, mais il faut l'aider du secours des remèdes. C'est à l'observation constante de leurs effets qu'on doit le discernement des cas dans lesquels il faut les employer.

« Ne sera-ce que pour le magnétisme qu'on fera une exception aux règles? Il ne guérit pas tous les maux : soit ; mais il calme les douleurs, il ranime le vieillard, il aide la nature à se développer dans les enfans. Ne servit-il qu'à consoler........, pourquoi repousser ce bienfait?

« Si l'on ajoute que le traitement du magnétisme rapproche les hommes, qu'il leur inspire la pitié, l'amour de leurs semblables, qu'il excite dans l'âme des personnes riches et puissantes le sentiment de la bienfaisance envers les malheureux et les indigens qui les entourent, que de regrets n'auront pas un jour MM. les commissaires d'avoir combattu une découverte qui pouvoit apporter tant de bien aux hommes! quels reproches ils se feront à eux-mêmes d'avoir éloigné du magnétisme une foule de malheureux qui y auroient peut-être trouvé la vie ou l'adoucissement de leurs maux ! »

§. X. *Considérations sur le Magnétisme animal, ou sur la théorie du monde et des êtres organisés, par M. Bergasse.* In-8°, 149 pag. La Haye, 1784.

Cet ouvrage fit dans le temps la plus grande sensation. S'il ne persuada pas beaucoup de gens de la réalité et de l'efficacité du magnétisme, il assura du moins à M. Bergasse la réputation de grand écrivain. Le système de M. Mesmer y est présenté comme la conception la plus vaste, comme expliquant tous les phénomènes et embrassant toutes les lois de la nature. La force du raisonnement, l'élévation des idées, la pompe et l'harmonie du style, la richesse de l'imagination, la chaleur du sentiment, tout ce qui caractérise l'éloquence s'y trouve au plus haut degré. Il y a de l'enthousiasme; mais cet enthousiasme est produit par la contemplation des plus grandes vérités, et par l'espoir d'être utile aux hommes, en dissipant leurs erreurs et en guérissant la plupart de leurs maux. L'auteur peint avec énergie le sort qu'ont éprouvé dans tous les siècles ceux qui ont fait de grandes découvertes, et il fait voir pourquoi ces découvertes ont été d'abord repoussées, ce qui le conduit naturellement à rendre compte de la marche suivie par les commissaires qui ont jugé le magnétisme, et à expliquer les causes de leur décision. S'élevant ensuite à des considérations générales, il parle en philosophe profond de l'imagination, de l'imitation, de l'empire qu'exercent les préjugés, les habitudes, les passions, et de l'action physique et morale que les hommes réunis ont les uns sur les autres par leur organisation. Il expose la théorie de M. Mesmer et l'influence que la doctrine du magnétisme doit avoir sur le sort des hommes considérés individuellement ou dans l'état de société, sur l'éducation, sur la morale, sur l'ensemble de nos idées et de nos connoissánces. A ce sujet il examine ce que c'est que les mœurs, quel est leur rapport avec l'état de la société, comment ellés s'altèrent ou se corrompent, et comment on peut les corriger. Il parle enfin des beaux arts et de leur rapport avec les mœurs. Ces grandes questions sont discutées d'une manière neuve et avec le talent d'un écrivain qui embrasse d'un coup d'œil les diverses parties de son sujet, et qui, ne pouvant les approfondir toutes, place des jalons sur sa route pour indiquer les espaces qui restent à parcourir.

Quoique cet écrit soit infiniment intéressant par les vues générales et les vérités de détail, et qu'il donne matière à beaucoup de réflexions, je ne suis pas surpris qu'il n'ait pas fait un grand nombre de prosélytes au magnétisme : l'immensité d'un système qui embrasse tout, et l'enthousiasme de l'écrivain durent inspirer de la défiance. D'ailleurs, en accordant à M. Bergasse que le fluide universel est la cause de tous les phénomènes de la nature, on chercheroit vainement dans son livre la preuve que l'homme ait la faculté de s'emparer de ce fluide et de le diriger de manière à exercer sur ses semblables une influence salutaire. Des expériences positives sont plus convaincantes que la plus magnifique théorie. Heureusement ces expériences ne manquent pas aujourd'hui; tout le monde peut les connoître et les répéter. Mais on doit relire l'ouvrage de M. Bergasse si l'on veut prendre une juste idée du système de M. Mesmer.

### §. XI. *Le Colosse aux pieds d'argile, par M. Devillers.* In-8°, 176 pag. 1784 (1).

Nous venons de voir qu'aussitôt après que MM. les commissaires eurent publié leur rapport, on attaqua de tous côtés et leurs assertions et leurs raisonnemens. Il ne leur convenoit point d'entrer en lice avec leurs adversaires; il étoit cependant utile qu'on pût juger de ce qu'ils avoient à répliquer, et M. Devillers rendit un véritable service en se chargeant de les défendre et en remplissant cette tâche aussi bien qu'il étoit possible de le faire. Quoiqu'il commence d'un ton emphatique, et qu'il fasse un tableau très-infidèle du prétendu colosse qu'il veut abattre, sa marche est en général franche et méthodique. Il analyse successivement les principales réponses faites aux rapports des commissaires (2),

_______________

(1) Il ne faut point confondre M. Devillers avec M. Charles Villers, auteur de la philosophie de Kant, de l'Essai sur la réformation de Luther, etc. Ce dernier a donné sur le magnétisme un ouvrage dont je rendrai compte dans la section suivante.

(2) Il ne dit cependant rien de celle qui a pour titre : *Supplé-*

et il ne dit point d'injures à ceux dont il combat l'opinion. En exposant les prétentions exagérées de plusieurs des défenseurs du magnétisme, l'obscurité de leur théorie, leur credulité, et surtout leurs déclamations contre la médecine, il a contre eux tout l'avantage ; mais il ne réussit ni à détruire les preuves de fait, ni à expliquer par l'imagination les phénomènes dont il est obligé de convenir. Il renverse l'échafaudage dont on avoit étayé la découverte, mais elle ne paroît que plus solide lorsqu'on la voit se soutenir au milieu de ces débris.

Ce qu'il y a de plus curieux dans cet ouvrage, c'est la comparaison des cures opérées à Busancy et dans d'autres traitemens, avec celles qu'on avoit vues sur le tombeau du diacre Pâris. Elles sont rapportées sur deux colonnes, et l'analogie est frappante. Je reviendrai ailleurs sur cette comparaison.

---

ment aux deux Rapports, soit parce qu'il ne la connoissoit pas, soit parce qu'il lui a paru impossible de l'attaquer.

# CHAPITRE VI.

*Traité théorique et pratique du Magnétisme animal, par M. Doppet, docteur en médecine de la faculté de Turin. In-8°, 80 pages. 1784.*

M. Doppet étoit élève de M. d'Eslon : des élèves de M. Mesmer voulurent l'empêcher à Turin de pratiquer le magnétisme. Irrité des tracasseries qu'on lui suscitoit, il publia la doctrine dans laquelle on l'avoit initié, pour prouver que les principes des deux écoles étoient les mêmes, et pour se concilier la bienveillance des médecins.

Cet ouvrage, rédigé sur un ton équivoque, indigna les enthousiastes de M. Mesmer, et fut un sujet de triomphe pour ses antagonistes. Ni les uns ni les autres n'auroient dû y attacher de l'importance, car il ne donne gain de cause ni aux uns ni aux autres. Il se borne à conclure que le temps et de nouvelles expériences peuvent seuls mettre à même de juger la question, et s'il combat victorieusement les exagérations des disciples de M. Mesmer, il convient en même temps que sa découverte est quelque chose. C'est ce qu'il est bon de faire remarquer. Je ne dirai qu'un mot des autres objets sur lesquels roule l'écrit de M. Doppet.

Dans le discours préliminaire il soutient que les circonstances l'autorisent à publier la théorie du magnétisme, quoiqu'il eût donné sa parole de garder le secret.

L'ouvrage est divisé en sept chapitres ; les deux premiers sont historiques, les trois suivans contiennent la théorie et les procédés du magnétisme : dans le sixième, le magnétisme est considéré comme remède ; et le dernier répond à ce que les enthousiastes du magnétisme ont dit contre la médecine ordinaire.

Il est inutile de revenir aujourd'hui sur la théorie. M. Doppet, en exposant ce qu'on lui avoit appris, en fait quelquefois sentir le ridicule : mais quoiqu'il eût vu peu de faits, et qu'il eût peu de confiance, quoiqu'il se range au nombre des ennemis de M. Mesmer, et qu'il cherche à plaire aux médecins, il ne regarde point le magnétisme comme une chimère : et voici comment il s'exprime :

« Le voilà ce secret tant désiré : quoique la pratique en soit simple, je le répète, il peut être de quelque utilité.

« Je rends cependant justice à M. Mesmer, et

je m'en fais honneur. Sa découverte paroît avoir quelque chose de surprenant ; peut-être conduira-t-elle à de grandes choses : mais pendant que l'enthousiasme s'en mêle , on dispute avec chaleur sans porter aucun jugement. »

En parlant des pôles, M. Doppet dit : « J'ai observé qu'on produit des effets sans suivre cette règle. »

Après avoir exposé les procédés , il ajoute : « Cette pratique paroîtra ridicule , mais j'en appelle aux expériences : je n'ai jamais suivi d'autres procédés , et j'ai non-seulement donné des sensations, mais encore opéré des cures. Cependant point d'enthousiasme.

« Qu'on essaie, dans une société quelconque, de faire la chaîne , on verra qu'il s'y trouvera plusieurs personnes qui auront quelques sensations.

« Les personnes en crise présentent de singuliers phénomènes : on ne peut s'imaginer , en les voyant, que les magnétiseurs n'aient pour agir d'autre ressort qu'une influence naturelle à tous les hommes.

« Parmi ceux qui se soumettent au traitement magnétique, on ne peut nier qu'il n'en guérisse quelques-uns ; j'ai opéré moi-même des prodiges ; mais le magnétisme a ses incurables aussibien que la médecine. Je lui ai vu produire d'heureux effets dans quelques maladies de nerfs; j'en ai vu d'autres s'y aggraver.

« J'ai vu plus d'une fois que les magnétisans ne cherchoient pas toujours la santé. Quand ils trouvent une personne très-sensible, ils ne la traitent plus pour la guérir : ils la gardent au traitement pour faire preuve de l'existence de l'agent. »

On voit, par les passages que je viens de citer, que, si M. Doppet rejette les merveilles attribuées au magnétisme, il reconnoît cependant des effets et même des effets curatifs ; et l'on ne peut disconvenir qu'il a examiné la chose froidement, et qu'il écrit bien plus pour combattre le magnétisme que pour le faire adopter. Ses réflexions sont justes, ses objections sont fondées, mais s'il eût écrit deux ans plus tard, il auroit mieux approfondi la question, et il n'auroit certainement pas tenu le même langage.

Je me suis étendu sur l'ouvrage de M. Doppet, parce que les antagonistes du magnétisme s'en sont prévalus, et que M. Thouret (1) s'est appuyé de son autorité. On voit qu'ils ont eu tort. M. Doppet ne paroît pas se déclarer partisan du magnétisme, c'est un sceptique qui est

---

(1) Extrait de la correspondance de la société royale, p. 58 et 59.

à la fois étonné des preuves et des objections.
or ce qu'il réfute étoit vraiment mêlé d'erreurs ;
ce qu'il ne rejette pas est aujourd'hui confirmé
par de nouvelles expériences, et dégagé du merveilleux auquel on l'avoit associé.

Il est remarquable que M. Doppet, en annonçant qu'il publie tous les secrets du magnétisme,
ne parle pas des conditions les plus essentielles.

Il ne dit pas un mot de la volonté, de la confiance, de l'attention ; et l'on sait que les procédés ne peuvent sans cela produire de bons
effets. On pourroit conclure de là que les premiers qui ont magnétisé avec succès croyoient
et vouloient, sans se douter que la croyance et
la volonté étoient la principale cause de l'efficacité
des pratiques dont ils faisoient usage.

# CHAPITRE VII.

§. I. *Extrait de la correspondance de la société royale de médecine relativement au Magnétisme animal, par M. Thouret. In-4°, 74 p. 1785.*

———

CET ouvrage, imprimé par ordre du roi, et d'après le vœu de la société de médecine qui en avoit entendu la lecture, a, par cela même, un caractère imposant. Comment imaginer que la plupart des faits contenus dans les lettres de divers médecins ne prouvent nullement ce qu'on veut prouver, que d'autres sont altérés dans les circonstances, que plusieurs même sont entièrement faux, que tous enfin sont exposés d'une manière vague et dépourvus d'authenticité? Comment supposer que M. Thouret, en rendant compte de la correspondance de la société de médecine sur un objet qui occupoit alors toute la France, ait supprimé tout ce qui ne favorisoit pas le parti pour lequel il s'étoit déclaré? comment se persuader enfin qu'un rapport rédigé par un homme justement célèbre à plusieurs titres soit rempli de faux raisonnemens et de contradictions, et qu'il présente partout une ignorance absolue de

la doctrine qu'on veut combattre, des phénomènes qui sont le sujet de la discussion, et des
pratiques sur lesquelles on s'efforce de jeter du
ridicule? Cela est cependant de la plus exacte
vérité, et c'est encore une preuve que la prévention, l'esprit de corps, le désir de faire préva-
loir des opinions qu'on avoit légèrement soutenues, peuvent égarer des hommes d'un cœur
droit et d'un esprit éclairé.

Quand même le magnétisme auroit été une
illusion, il n'en seroit pas moins vrai que la correspondance est remplie de contradictions et
d'erreurs. Tantôt le magnétisme est présenté
comme n'ayant aucune réalité, tantôt comme
aggravant les maladies et produisant à chaque
séance les effets les plus funestes. Il est dangereux, parce qu'il fait renoncer aux médicamens,
et les cures qu'on lui attribue sont dues, soit à
la nature, soit aux médicamens dont les magnétiseurs font usage. Ici l'on dit que les malades
qui avoient eu recours au traitement n'avoient
que des maux imaginaires, ou que des malades
soulagés étoient bientôt retombés dans le même
état; ailleurs on explique par des causes absurdes une guérison qu'on ne peut nier. On dit
vaguement que plusieurs malades sont morts, et
l'on convient que ceux qui alloient au traite--
ment étoient attaqués de maladies que la méde--

cine regarde comme incurables. On avance har-
diment que les hommes instruits s'accordent à
rejeter le magnétisme comme une folie, et l'on
reconnoît que des hommes très-éclairés en sont
zélés partisans. Pas un des faits que l'on cite n'est
attesté : ceux qui les rapportent ne disent pas
même qu'ils se soient donné la peine d'examiner. On ne nomme point les personnes qui ont
été victimes du magnétisme, ou, lorsqu'on les
désigne clairement, on ne craint pas de s'exposer à une dénégation formelle de la part de celles
qu'on avoit désignées.      .

Ainsi tout ce qu'un des correspondans avoit dit de
madame la marquise de Longecour, de sa femme
de chambre, et d'autres personnes de sa connoissance, est démenti par elle dans une lettre
qu'elle écrit à M. Thouret, en le priant de la
communiquer à la société royale de médecine,
et qu'elle a fait imprimer ensuite, parce que
M. Thouret ne lui en avoit pas même accusé la
réception.

On cite un médecin célèbre de Bordeaux et
un homme de Dijon qui ont éprouvé les accidens
les plus funestes à la suite du magnétisme ; mais
c'est un traitement électrique et non un traitement magnétique que l'un et l'autre avoient suivi.
Le premier s'étoit fait magnétiser ensuite pour
remédier au désordre produit par l'électricité,

et le magnétisme lui avoit procuré beaucoup de calme et de soulagement : le second s'étoit livré au traitement électrique établi à Dijon par M. Sousselier, et n'a jamais été magnétisé. On peut montrer de semblables inexactitudes à chaque page·de l'extrait de la correspondance.

Ceux qui connoissent l'histoire du magnétisme doivent être surpris qu'on ait osé publier cet ouvrage au commencement de 1785. A cette époque les sociétés de l'harmonie étoient établies, l'appareil du magnétisme n'avoit plus rien d'extraordinaire et ne pouvoit *porter le trouble dans le système nerveux ;* on ne voyoit plus de convulsions, le prétendu secret étoit divulgué ; plusieurs personnes employoient le magnétisme sur des individus isolés et dans l'intérieur de leur famille ; le somnambulisme étoit déjà connu ; presque tous les traitemens publics étoient dirigés ou du moins suivis par d'habiles médecins ; tous ces médecins attestoient qu'ils avoient vu des effets salutaires, et l'objection qu'on avoit faite en attribuant ces effets à l'imagination, à l'imitation et à l'attouchement, avoit été victorieusement réfutée. Mais ce rapport devoit dispenser de tout examen, parce qu'il étoit appuyé de l'autorité d'une société savante. On auroit dû remarquer cependant que l'ouvrage ne répondoit point au titre. En effet, l'extrait d'une correspondance *relative au magnétisme* auroit dû présenter les opinions pour et contre, et la discussion de ces opinions : point du tout, on n'y trouve pas un mot en faveur du magnétisme. Est-il possible que, lorsque plus de cent médecins ou chirurgiens avoient établi des traitemens dans les provinces, lorsqu'un grand nombre d'autres en suivoient la pratique pour s'éclairer, il ne s'en soit pas trouvé un seul qui ait écrit un billet ou adressé une observation à la société royale de médecine, pour défendre la cause à laquelle il étoit attaché (1)?

---

(1) Si en 1785 la société royale de médecine eût invité les médecins des provinces et ceux des pays étrangers à observer autour d'eux les effets attribués au magnétisme, et à lui communiquer franchement leurs observations ; si elle eût ensuite publié sans restriction et sans esprit de système l'extrait de cette correspondance, elle auroit rempli une tâche digne d'elle, et l'on ne peut calculer le bien qui seroit résulté d'un tel ouvrage. On auroit vu tout à coup les préjugés des enthousiastes et ceux des détracteurs de la découverte également détruits, les faits discutés, les guérisons miraculeuses démenties, les prévisions des somnambules réduites à ce qu'elles ont de réel, les prodiges relégués au rang des fables, et l'on auroit reconnu le rôle que l'imagination jouoit dans les phénomènes ; les erreurs des théories, les inconvéniens des traitemens publics, l'influence ou l'inutilité des divers procédés, les conditions essentielles au succès des expériences, tout auroit été jugé. On auroit surtout déterminé dans quelles maladies le magnétisme peut être utile, le degré de confiance qu'il mérite, les cas où il peut être employé seul, ceux où il peut aider la médecine, et ceux où il peut avoir des dangers. En le faisant généralement connoître, en écartant tout ce qu'il avoit encore de mystérieux, on auroit empêché qu'il ne fût pratiqué par des enthousiastes, et que

### §. II. *Réponses à l'extrait de la correspondance.*

Il seroit inutile aujourd'hui d'analyser l'ouvrage rédigé par M. Thouret. Pour se convaincre que je ne l'ai pas jugé trop sévèrement, on n'a qu'à lire la réponse de M. de La Boissière, médecin à Bergerac (1), et celle de M. Bonnefoy, membre du collége de chirurgie de Lyon. Cette dernière est un modèle de critique (2). Le ton en est décent et modéré ; les allégations des correspondans y sont analysées, rapprochées, discutées avec clarté et précision. Il n'y a aucune réflexion étrangère au sujet principal. M. Bonnefoy n'oppose pas des faits à d'autres faits, des assertions à d'autres assertions, il se borne à démontrer que, parmi les faits qu'on a cités,

---

des charlatans ne pussent s'en emparer ; on auroit détourné certains malades de s'en rapporter aveuglément à lui , et on l'auroit associé aux autres remèdes dont les personnes prudentes ne font usage que d'après le conseil des médecins. Tous les livres publiés pour ou contre le magnétisme seroient devenus inutiles auprès de celui-là. Jamais la société royale de médecine ne fut appelée à des fonctions plus honorables. En s'élevant au-dessus de tous les partis, en tenant entre eux la balance , elle étoit maîtresse de diriger l'opinion publique , et d'élever une barrière insurmontable entre l'erreur et la vérité.

(1) Lettre à M. Thouret, pour servir de réfutation, etc. J'en parlerai plus bas.

(2) Examen du compte rendu par M. Thouret, sous le titre d'extrait, par J. Bonnefoy, etc. In-8°, 59 p. Lyon, 1785.

les uns sont entièrement faux, les autres mal observés, et qu'on a tiré de tous de fausses conséquences. L'ouvrage est terminé par la lettre de madame la marquise de Longecour, datée de Dijon, 29 mars 1805, et adressée à M. Thouret, pour démentir formellement tout ce qui avoit été dit relativement à elle et aux personnes de sa connoissance.

*Lettre de M. d'Eslon à messieurs les auteurs du Journal de Paris, et refusée par eux, concernant l'extrait de la correspondance, etc., datée de Paris, 4 mars 1785. In-8°, 7 p.*

Pourquoi refusoit-on d'imprimer cette lettre dans le journal de Paris ? elle est rédigée avec politesse ; elle ne contient point d'injures. M. d'Eslon réclame contre des imputations dont il est l'objet. Il rétablit la vérité sur un fait relatif à lui, et qu'on a présenté de manière à jeter du ridicule sur sa personne, sur un homme respectable qui s'étoit adressé à lui, et sur la doctrine qu'il professe. Ne doit-on pas accorder à un homme le droit de se défendre publiquement lorsqu'il a été publiquement attaqué? On auroit certainement imprimé la lettre de M. d'Eslon si on avoit pu y répondre.

# CHAPITRE VIII.

DISCUSSIONS DE QUELQUES MÉDECINS AVEC LA FACULTÉ.

§. I. *Rapport au public de quelques abus en médecine, avec des réflexions et notes historiques, critiques et médicales, par M. L. F. Thomas d'Onglée, docteur de la faculté de médecine de Paris.* In-8°, 69 p. Paris, 1785.

—————

M. Thomas d'Onglée, étonné de quelques effets produits par le magnétisme, et désirant fixer son opinion sur cette découverte, que le gouvernement faisoit alors examiner, alla pendant quatre mois chez M. d'Eslon. Cependant il ne pratiqua point le magnétisme, n'ayant pas encore acquis la conviction de son efficacité.

La faculté s'étant prononcée contre le magnétisme, même avant la publication du rapport des commissaires, elle tint plusieurs assemblées pour délibérer sur la conduite des médecins qui paroissoient en être partisans ; et, après la publication du rapport, elle voulut faire signer à ses membres un formulaire conçu en ces termes :

« Aucun docteur ne se déclarera partisan du prétendu magnétisme animal, ni par ses écrits, ni par sa pratique, sous peine d'être rayé du tableau des docteurs régens. »

M. Thomas d'Onglée donna sa parole qu'il ne pratiquoit ni ne vouloit pratiquer le magnétisme ; mais il refusa de signer le formulaire, et en conséquence il fut privé des émolumens et des honneurs de la régence. Ce décret, du 24 août 1784, est motivé sur ce qu'il est constaté que M. d'Eslon et quelques autres docteurs de l'ordre, « oubliant leur serment et les vertus qui conviennent à un médecin, se sont enrôlés dans une nouvelle milice de charlatans, qui, trompant les mortels crédules par l'espoir illusoire de les guérir, tend des embûches cachées aux bonnes mœurs, à la santé et à la fortune des citoyens. »

« *Quibus omnibus auditis, NIMIUM EHEU !* ( en parlant des lettres des docteurs accusés dont on avoit entendu la lecture ) *compertum est M. d'Eslon et quosdam hujusce saluberrimi ordinis doctores, jurisjurandi ac virtutum quæ medicum decent immemores, dedisse nomen novæ et formidolosæ circulatorum militiæ, quæ facile credulos vanâ tuendæ sanitatis spe delusos mortales detinens, civium saluti, bonis moribus , et fortunis abstrusas molitur in-sidias.* »

Je supprime toutes réflexions sur ce passage; elles sont inutiles pour ceux qui auront lu mon ouvrage, ou qui voudront se rappeler les noms des médecins et des autres hommes distingués qui ont propagé le magnétisme.

M. Thomas d'Onglée justifie sa conduite : il prouve qu'il n'a pu signer le formulaire; il proteste de son respect pour la faculté, il parle même avec égard de ceux de ses confrères qui ont mis dans cette affaire le plus d'emportement; il fait voir avec quelle légèreté se sont conduits les commissaires qui ont rédigé les fameux rapports; il soutient qu'ils avoient négligé d'examiner la doctrine qu'ils ont condamnée, et que plusieurs ont signé de confiance : enfin il propose quelques observations sur ces rapports, sur celui de M. de Jussieu, dont il adopte l'opinion, et sur les recherches et doutes de M. Thouret.

On pourroit désirer plus d'élégance et de clarté dans cet ouvrage, mais il ne sauroit y avoir plus de circonspection et de décence. Il n'apprend rien sur une doctrine que l'auteur connoissoit à peine, mais il donne matière à d'importantes réflexions sur l'esprit de corps , et sur les causes des premiers jugemens portés contre le magnétisme.

§. II. *Mémoire pour M. Charles-Louis Varnier, docteur régent de la faculté de médecine de Paris, et membre de la société royale de médecine, appelant d'un décret de la faculté. Contre les doyens et docteurs de ladite faculté, intimés.* Paris, 1785.

M. Varnier ayant refusé de signer le formulaire dont je viens de parler, étant de plus convaincu d'avoir magnétisé, et d'avoir, par ses discours et par des lettres, exprimé son opinion sur le magnétisme, il fut solennellement rayé du tableau des docteurs régens. Il crut devoir en appeler au parlement, et cela donna lieu à un mémoire rédigé par M. Fournel, et accompagné d'une consultation signée de dix-sept avocats (1). Le parlement ne crut pas devoir s'opposer à la juridiction que la faculté exerçoit sur ses membres ; mais M. Varnier, en perdant son procès, se fit connoître sous les rapports les plus avantageux. Sa réputation ne fut point ternie par l'injustice qu'on lui avoit faite, et il a continué de jouir de la confiance du

_______________

(1) Le 16 avril 1785.

public, et de la considération due à ses talens et à la noblesse de son caractère.

Il faut lire le mémoire de M. Fournel, si l'on veut se faire une idée de l'acharnement avec lequel la faculté persécutoit les partisans de la nouvelle doctrine. Ce mémoire est d'ailleurs remarquable par le style, par la logique et par une modération qui contraste avec l'emportement des adversaires de M. Varnier. Le décret de la faculté y est rapporté, et ce morceau est vraiment curieux. La conduite de cette compagnie et la précipitation inconsidérée de ses démarches prouvent bien mieux que le rapport des commissaires que, dans les assemblées tumultueuses, l'imagination et l'imitation exercent une influence qui peut égarer les esprits les plus éclairés. Parmi ceux qui sortirent ainsi des bornes de la justice, on ne peut nier qu'il n'y eût des hommes d'un très-grand mérite. En exerçant sur les opinions de leurs confrères le despotisme le plus absolu, ils croyoient soutenir à la fois la cause de la vérité et celle du bien public.

# CHAPITRE IX.

*Des écrits publiés pour et contre M. Mesmer, dans la querelle qu'il eut avec ses élèves au sujet de la publication de sa doctrine.*

Quoique ces écrits soient rédigés avec une grande supériorité de talent, et qu'ils démontrent que tous ceux qui avoient été instruits par M. Mesmer étoient convaincus de la réalité et de l'importance de ses découvertes, je ne saurois me déterminer à en rendre compte. Je crois qu'ils doivent être condamnés à l'oubli. A quoi bon rappeler une discussion dans laquelle l'un et l'autre parti sont sortis des bornes que leur prescrivoit la bienséance? Les plus grands hommes n'ont pas été exempts de foiblesses ; ils se sont laissé quelquefois séduire par l'intérêt et la vanité, et ces petitesses ont éloigné d'eux le respect et l'admiration de leurs contemporains. Mais le souvenir des services qu'ils ont rendus doit seul rester attaché à leur nom.

# CHAPITRE X.

*Examen sérieux et impartial du Magnétisme animal.* In-8°, 42 p. Paris, 26 juillet 1784.

C ET ouvrage remplit parfaitement son titre; il est d'une clarté, d'une sagesse, d'une modération extrêmement remarquables dans un temps où tous les écrits sur le même sujet étoient dictés par l'enthousiasme ou par l'esprit de parti. L'auteur est un médecin de province venu à Paris pour s'assurer par lui-même de ce qu'il falloit penser des prodiges qui lui avoient été racontés. Il a cherché de bonne foi à s'instruire, et il donne le résultat de ses observations. Elles ne sont pas aussi favorables au magnétisme, que l'auroient voulu les sectateurs de la nouvelle doctrine; elles ne lui sont pas non plus aussi contraires que l'auroient voulu ses antagonistes, et probablement il dut également déplaire aux deux partis.

Quoique les expériences faites depuis cette époque nous aient donné de nouvelles lumières, presque tout ce que dit l'auteur de cet ouvrage mérite d'être médité, et peut-être seroit-il sage de se renfermer dans les mêmes limites, pour ne s'exposer ni à des erreurs de théorie ni à aucun danger dans la pratique, ni à être accusé d'exagération par ceux qui doutent encore. Suivons un moment notre auteur.

« J'ai vu, dit-il, pendant long-temps et un grand nombre de fois ces faits qui ont paru incroyables à tant de physiciens et de médecins : j'en ai moi-même opéré une grande partie. J'offre ici le tableau de ce qui s'est passé sous mes yeux. »

Il décrit ensuite les phénomènes dont il a été témoin, et les précautions qu'il a prises pour les constater, et il prouve qu'ils ne peuvent être attribués ni à l'attouchement ni à l'imagination. Il distingue avec soin ceux qu'il a vérifiés de ceux qui lui ont été simplement attestés, et sur lesquels il ne peut prononcer.

« J'ai donc vu et bien vu tous les faits qui paroissent constater que le magnétisme animal n'est point une chimère, qu'il sort réellement du magnétiseur un fluide très-subtil qui agit plus ou moins sur les nerfs du magnétisé, soit par une augmentation de quantité, soit par une augmentation de mouvement et de force.

« Je dois donc regarder comme certain qu'il y

a dans le magnétisme animal un phénomène très-réel et très-digne de l'attention des physiciens, et par conséquent des médecins, au moins comme phénomène physique...... Mais il y a un autre point plus important, c'est celui de savoir si cette découverte est vraiment utile pour la guérison des maladies, et jusqu'où s'étend cette utilité.

« J'ai suivi assez long-temps les traitemens de M** pour me convaincre de la réalité du phénomène physique, mais non pour me convaincre de la réalité des guérisons qu'on lui attribue. J'ai magnétisé moi-même un grand nombre de personnes, toutes, à l'exception d'une seule, m'ont assuré qu'elles étoient mieux, aucune ne m'a assuré qu'elle fût guérie. Je dois donc me borner à exposer mes réflexions et mes conjectures sur ce que disent du magnétisme ceux qui par des expériences multipliées croient avoir acquis la certitude de ses grands avantages. »

Ici l'auteur discute avec la critique la plus judicieuse les assertions des partisans du magnétisme, il prouve que parmi ces assertions il y en a d'exagérées, et d'autres qui ne peuvent être reçues que lorsqu'elles auront été appuyées par beaucoup d'expériences. Il combat par les raisons les plus fortes ceux qui ont soutenu que le magnétisme ne peut faire aucun mal, qu'il convient dans toutes les maladies, que son usage peut les prévenir. Il soutient qu'on ne doit en attendre de bons effets ni dans les maladies produites par irritation, ni dans celles où l'action des nerfs est déjà trop forte, ni dans les maladies contagieuses; il montre comment on s'est exagéré de bonne foi son efficacité dans les maladies aiguës et dans les maladies chroniques : il ne nie point cette efficacité, mais il dit que les faits sur lesquels on l'a établie ne sont ni assez nombreux ni assez constatés. Il trace aux médecins la marche qu'ils doivent suivre pour s'éclairer, et il leur conseille d'employer le magnétisme comme auxiliaire et avec d'autres remèdes dans la plupart des cas, et seul dans quelques circonstances où il ne peut y avoir aucun danger à suspendre les remèdes.

« Tout l'usage qu'on peut faire de cette découverte, dit-il, c'est de joindre le magnétisme aux méthodes connues par leur utilité dans tous les cas où l'action des nerfs a besoin d'être augmentée : et c'est donner beaucoup d'étendue à son usage. Je pense même que cette réunion est le meilleur moyen de le rendre utile.

« On sait que l'usage des toniques est fort étendu dans la médecine, et le magnétisme animal en présente une d'autant plus efficace, qu'il paroît agir directement sur les parties qui en ont besoin.........

« Si les médecins ne se pressent pas d'adopter la doctrine de M. Mesmer, c'est qu'ils y trouvent des difficultés bien fondées, du moins en la prenant dans toute son étendue, et qu'ils attendent qu'une expérience suffisante ait constaté ce qu'elle a de vrai, et fait connoître les maladies et les circonstances des maladies dans lesquelles son usage sera utile..... Il est à désirer que les procédés du magnétisme soient publiés, etc. »

On voit par les passages que je viens de citer que l'ouvrage est de la plus grande sagesse, et que c'est ainsi que devoit écrire un médecin avant que la publication de la doctrine, la découverte du somnambulisme et la multitude des expériences eussent dissipé quelques-uns des doutes qu'il propose. Aujourd'hui même la circonspection qu'il demande vaudroit mieux que l'enthousiasme.

L'auteur de cet écrit ne pouvoit produire lui-même tous les effets qu'ont produits messieurs de Puységur, parce qu'il n'avoit pas assez de confiance en sa puissance, et qu'il s'occupoit bien plus à observer qu'à agir ; mais c'est pour les hommes sages une raison de plus de croire aux effets qu'il atteste.

J'ai donné quelque étendue à l'extrait de cet ouvrage, parce qu'il est moins connu qu'il ne le mérite, une brochure de 42 pages ne se trouvant guère que chez les personnes qui ont fait des collections des divers écrits publiés sur le magnétisme.

# SECTION II.

## Des ouvrages qui ont paru depuis la découverte du somnambulisme.

## CHAPITRE I.

*Essai sur les probabilités du Somnambulisme magnétique, par M. Fournel.* In-8°, 70 pag. 1785.

Existe-t-il des somnambules magnétiques vrais ou faux? et les phénomènes qu'ils présentent sont-ils de nature à mériter l'examen du public et des savans?

En supposant que ces phénomènes vaillent la peine d'être examinés, peut-on être sûr qu'ils ne sont pas le produit de l'artifice et la suite d'une illusion?

Enfin en admettant que l'artifice soit impossible à découvrir, est-il vrai qu'ils soient en contradiction avec les notions reçues et avec les principes admis par les médecins?

Telles sont les questions discutées dans ce mémoire. L'auteur les a traitées avec beaucoup de méthode et de clarté.

Il prouve d'abord qu'il existe un grand nombre d'individus frappés de ce somnambulisme vrai ou apparent qui présente des singularités dignes de l'attention des physiciens.

Il démontre ensuite que parmi ces somnambules et parmi ceux qui les ont observés il se trouve plusieurs personnes qu'il est impossible de soupçonner d'artifice, et que parmi les phénomènes il en est qui ne pourroient être simulés.

Il établit enfin que les phénomènes du somnambulisme magnétique sont dans l'ordre de la nature, puisqu'ils sont exactement les mêmes que ceux du somnambulisme naturel reconnus de tout temps par les plus grands médecins et par les plus savans physiologistes.

Je ne saurois imaginer une objection qui ne soit résolue dans cet ouvrage. L'auteur commence par regarder la question comme douteuse. Il discute les faits, il se laisse conduire par eux, et ne tire de leur rapprochement que des conséquences nécessaires. Il s'exprime avec autant d'élégance que de clarté ; mais il se défend de l'enthousiasme ; il évite même d'employer les ressources d'un style brillant, pour qu'on ne le soupçonne pas de chercher à séduire l'imagination. Comment n'a-t-il pas dissipé tous les doutes ? Seroit-il vrai que l'effet d'un ouvrage dans lequel on discute un problème d'histoire ou de philosophie se borne à faire dire au lecteur : cela est intéressant, il n'y a rien à répondre, et qu'ensuite on reste dans l'opinion qu'on avoit? La logique n'est donc plus rien, et toute discussion est inutile. Croyons cependant qu'il est des esprits sages qui cherchent de bonne foi la vérité, qui s'y attachent après l'avoir connue, et qui avec le temps réussiront à la propager.

# CHAPITRE II.

*De quelques traités sur la théorie et la pratique du Magnétisme.*

———

La doctrine du magnétisme, et les procédés employés d'abord pour en augmenter et en diriger l'action, ont été exposés dans plusieurs ouvrages dont je ne donne point l'analyse, parce que je crois avoir dit sur ce sujet ce qu'il est utile de savoir. Je me bornerai donc à indiquer ici deux traités dans lesquels les curieux trouveront tous les détails qu'ils peuvent désirer. Je parlerai ensuite de quelques ouvrages qui méritent une attention particulière.

§. I. *Procédés du Magnétisme animal.* In-8°, 53 pag. 1785.

L'auteur est un magnétiseur instruit, mais exempt d'enthousiasme. Après avoir clairement expliqué tous les procédés employés par M. Mesmer, il donne, d'après ce qu'il avoit vu chez M. le marquis de Tissard, à Beaubourg, le plan d'un établissement pour traiter à la campagne tous les malades qui pourroient se présenter. Je ne doute pas qu'en suivant ce plan on ne réussît à agir à la fois sur un grand nombre d'individus, et qu'on n'obtînt de très-grands effets. Mais le temps n'est pas venu de former de pareils établissemens, et l'on s'exposeroit aux inconvéniens les plus graves, si ceux qui les dirigeroient n'avoient autant de sagesse que de zèle, et s'ils n'étoient secondés par des médecins éclairés.

On trouve encore dans cet ouvrage des détails sur l'application du magnétisme aux diverses maladies, sur les procédés particuliers qu'on jugeoit convenables à chacune d'elles, sur le danger d'exciter et de prolonger les crises nerveuses, sur les précautions à prendre avec les personnes qui en sont susceptibles, etc. L'auteur parle du somnambulisme, mais il ne le désigne pas sous ce nom, et l'on voit qu'il ne connoissoit point encore les mémoires que M. de Puységur avoit fait imprimer l'année précédente. Il termine son livre par une observation très-juste.

« Je préviens, dit-il, que j'ai suivi avec exactitude les procédés émanant de la doctrine de notre maître, et tels qu'il les a enseignés, mais que, d'après lui-même et les observations faites ailleurs, on les simplifie beaucoup, sans diminuer le succès. »

§. II. *Système raisonné du Magnétisme universel, d'après les principes de M. Mesmer, ouvrage auquel on a joint l'explication des procédés du Magnétisme animal, accommodés aux cures des différentes maladies, tant par M. Mesmer que par M. le chevalier de Barbarin et par M. de Puységur, relativement au somnambulisme, ainsi qu'une notice de la constitution des sociétés dites de l'Harmonie, qui mettent en pratique le Magnétisme animal. Par la société de l'Harmonie d'Ostende. In-12, 145 pag. Ostende, 1786.*

J'ignore s'il existoit une société de l'Harmonie à Ostende, mais il est certain qu'une telle société n'a pu approuver la rédaction de cet ouvrage. L'auteur expose les diverses opinions sans en adopter aucune ; il ne se prononce point sur la réalité du magnétisme. Il y a même dans ce qu'il dit, soit de la théorie, soit des procédés, plusieurs erreurs très-graves. Ni ce doute, ni cette ignorance ne pouvoient se trouver en 1786 dans une société de magnétiseurs. Cependant ce livre est assez curieux, parce qu'on y a rassemblé beaucoup de détails sur trois écoles célèbres qui, différant dans les principes, dans les procédés et dans les explications, tendoient au même but et produisoient les mêmes effets.

§. **III.** *Du fluide universel, de son activité et de l'utilité de ses modifications par les substances animales dans le traitement des maladies.* 1 vol. in-8º. Paris, 1806. 218 p.

Dans les premiers chapitres de cet ouvrage l'auteur expose ses idées sur la nature, les modifications et l'action du fluide universel. Il prétend que ce fluide est l'électricité ou le magnétisme, selon qu'il est modifié par les substances minérales ou par les êtres vivans ; que, dans les premiers cas, il peut porter le trouble dans l'économie animale, et que, dans le second, il peut être employé à la guérison des maladies. Il y auroit une foule d'objections à faire contre cette hypothèse ; mais il est inutile d'entrer ici dans aucune discussion sur le galvanisme et l'électricité.

Dans les chapitres suivans l'auteur retrace avec impartialité l'histoire de la découverte du magnétisme, et des causes qui se sont opposées à sa propagation. Il combat victorieusement ce qu'on a dit contre la réalité du somnambulisme, et il montre que c'est aux médecins à faire usage de ce nouveau moyen de connoître et de guérir les maladies. Jusque-là on ne trouve rien de neuf ; mais le dernier chapitre, qui fait la moitié de l'ouvrage, est extrêmement intéressant. Il est intitulé *Journal du somnambulisme d'une personne affectée d'une maladie du poumon.* Cette somnambule, dont le traitement a duré deux mois, et dont les sommeils étoient chaque jour de deux ou trois heures, a présenté plusieurs phénomènes particuliers, et desquels résultent de nouvelles lumières sur l'emploi du magnétisme. On ne sauroit trop recueillir de ces sortes de faits pour distinguer ce qui est commun à tous les somnambules, de ce qui n'appartient qu'à quelques-uns, et parvenir ainsi à des principes généraux.

Il est remarquable que cette somnambule (comme celles de M. C., de Lyon) ne croyoit nullement au magnétisme, et qu'elle avoit une extrême répugnance à s'y livrer, quoiqu'en somnambulisme elle affirmât que ce moyen pouvoit seul lui sauver la vie.

C'est en 1786 que ce traitement eut lieu. Le magnétiseur écrivoit après chaque séance ce qui venoit de se passer, et il conservoit exactement les propres paroles de sa somnambule. Il a gardé ce journal dans son porte-feuille pendant vingt ans ; mais en le publiant il n'y a rien changé. Il s'est borné à supprimer quelques conversations qui n'avoient aucun trait au magnétisme. On doit lui savoir gré d'avoir donné une relation si curieuse et si utile. Il est fâcheux qu'elle ne soit pas annoncée dans le titre du livre. On est avec raison dégoûté des systèmes, et les magnétiseurs eux-mêmes ne vont guère chercher des faits dans un ouvrage sur *le fluide universel*.

§. IV. *Prospectus d'un nouveau cours théorique, et pratique du Magnétisme animal, réduit à des principes simples de physique, de chimie et de médecine, etc. Par M. Wurtz, docteur en médecine de la faculté de Strasbourg, membre du collége des médecins de la même ville, élève immédiat de M. Mesmer.* Strasbourg, chez Treutell, 1787. In-8°, 54 p.

C'étoit sans doute pour les élèves qui devoient suivre son cours que M. Wurtz avoit rédigé ce prospectus. Il est fâcheux qu'il n'ait pas publié l'ouvrage. On voit, par la table des chapitres, qu'il embrassoit toutes les questions relatives à l'histoire, à la théorie et à la pratique du magnétisme ; qu'il lioit cette découverte aux principes de physique avoués par les savans ; qu'en admettant en partie le système de M. Mesmer, il en élaguoit toutes les propositions obscures, erronées, ou même hasardées ; qu'il attachoit une grande importance à associer la médecine au magnétisme ; qu'il rejetoit toutes les exagérations, et s'élevoit avec force contre la confiance aveugle qu'on accordoit aux somnambules. Quoique ce prospectus n'offre aucun développement, on reconnoît dans l'ordre des idées un esprit très-sage et très-éclairé ; on le lit avec intérêt, parce que l'auteur, en montrant toute l'étendue de la nouvelle science , distingue avec soin ce qui est bien prouvé , de ce qui ne sera éclairci que par de nouvelles recherches. Les vingt-six pages qui servent d'introduction au prospectus contiennent un exposé très-succinct, mais très-curieux, de l'histoire de la découverte, et l'auteur explique comment M. Mesmer, dont il admire le génie, a fait entrer, dans la théorie par laquelle il explique les faits, quelques principes de physique absolument inadmissibles. Il distingue très-bien ce qu'on doit rejeter de ce qu'on doit admettre, et il fait voir par quelles causes on a négligé d'observer ce qui est incontestable.

Quant à ce que M. Wurtz dit de la confiance aux somnambules, je me fais un devoir d'en transcrire ici les dernières phrases, parce que à l'époque et dans la ville où il écrivoit, il avoit été à portée d'en observer un très-grand nombre, et que son témoignage est par cette raison du plus grand poids.

Après avoir dit que c'est rétrograder vers les temps d'ignorance et de superstition que d'accorder une confiance aveugle aux somnambules, et de les consulter comme des oracles infaillibles, afin d'apprendre d'eux des vérités qui sont hors de la portée de leurs sens, soit internes, soit externes ; il ajoute : « A l'appui de ce que je viens d'avancer, je pourrois alléguer ici une quantité d'exemples connus dans cette ville, où des somnambules très-préconisées se sont trompées lourdement dans leurs prédictions, se sont contredites singulièrement dans leurs conseils, et ont même quelquefois ordonné des choses nuisibles. »

Ce prospectus est imprimé avec une approbation de M. Ostertag, docteur en médecine, qui en fait le plus grand éloge.

§. V. *Le Magnétiseur amoureux, par M. V., membre de la société de l'Harmonie du régiment de Metz, du corps royal de l'artillerie.* 1 vol. in-12, 229 p. Genève, 1787.

Ce titre semble annoncer un ouvrage frivole, et même une plaisanterie ; c'est tout le contraire. Sous la forme d'un roman, c'est à la fois un livre de métaphysique fort ingénieux, et l'un des meilleurs traités que nous ayons sur le magnétisme. L'auteur (M. Charles Villers), qui s'est depuis rendu célèbre par des ouvrages de philosophie, d'histoire et d'érudition, étoit alors fort jeune. Il imagina que le cadre qu'il choisissoit pour exposer ses principes étoit propre à attirer l'attention. Je crois qu'il se trompoit, et qu'il eût mieux valu séparer la partie philosophique de la partie romanesque, qui, malgré l'élégance du style, n'offre pas un grand intérêt.

Les personnages qu'il met en scène ont des conversations sur le magnétisme, et l'un d'eux expose aux autres sa théorie et ses preuves.

Cette théorie n'est point celle de M. Mesmer, ce n'est point celle des spiritualistes, ce n'est pas même celle de M. de Puységur. Je ne sais si elle est vraie, et ma propre expérience ne m'a pas conduit à l'adopter dans toute son étendue ; mais je reconnois qu'elle n'offre rien de contraire à la raison, qu'elle satisfait le cœur, qu'elle plaît à l'imagination, et que celui qui en seroit persuadé magnétiseroit avec le plus grand succès. Pour apprécier cette théorie, il faut en voir les développemens dans l'ouvrage même : on sent bien qu'une analyse de quelques lignes, où l'on ne trouve ni l'enchaînement des idées, ni les preuves, ni la réponse aux objections, ne peut en donner qu'une notion très-imparfaite. Je vais cependant en extraire les propositions fondamentales, pour montrer en quoi ce système

diffère des autres, et comment il explique l'action de la volonté, l'influence de l'intention et
les phénomènes du somnambulisme.

Selon l'auteur :

L'âme est chez l'homme le principe de la vie,
du mouvement et de la pensée.

Elle est d'une nature différente de la matière,
l'essence qui imprime le mouvement à la matière
en étant nécessairement distincte. Toutefois elle
ne peut remplir ses fonctions qu'autant qu'elle
est unie à la matière organisée ; car il faut des
organes qui servent à la pensée.

Par quel mécanisme l'âme agit-elle sur la matière ? Nous ne pouvons le savoir ; mais nous
sommes sûrs que ce mécanisme existe.

Les sens saisissent les propriétés des corps, et
les rapportent à l'âme par le moyen des nerfs.
C'est dans la tête que l'âme déploie la faculté de
penser, et c'est par les nerfs qu'elle transmet ses
impressions au corps. Il y a action réciproque.
La faculté de penser n'est autre chose que celle
de saisir plusieurs impressions, et de les comparer.

L'âme ne recevant des impressions que par les
sens, elle ne peut avoir connoissance que de la
matière de laquelle lui viennent ces impressions.
Si elle pouvoit se dégager de la matière, elle
auroit des idées d'un ordre différent.

L'âme fait fonction de principe pensant dans la tête, et de principe mouvant dans le reste du corps. Si elle fait des efforts pour augmenter le mouvement ralenti, elle agit moins sur la pensée, *et vice versâ.*

Quand les ressorts sont fatigués, leur activité cesse, et voilà le sommeil.

L'âme ne peut produire dans le corps un mouvement contraire aux lois de la matière ; mais elle maintient le mouvement ; et si, par des causes étrangères, il est accéléré ou retardé, elle peut y remédier jusqu'à un certain point, en rétablissant l'harmonie. Quelquefois elle n'a pas besoin pour cela de secours étrangers, et dans ce cas on dit que c'est la nature qui guérit. Quelquefois il faut employer des moyens physiques ; la médecine est l'art d'employer ces moyens.

L'âme, par la force de sa volonté, peut porter son action sur un autre être organisé ; il suffit pour cela qu'elle pense fortement à lui. Alors le mouvement qu'elle imprime s'unit au mouvement imprimé par l'âme de celui sur qui elle veut agir ; elle le fortifie ou le modère, en le rendant plus régulier. C'est là tout le magnétisme ; il consiste dans une concentration énergique sur le malade, avec une volonté décidée de le guérir. Les procédés aident cette action , mais ils ne sont pas nécessaires ; ils servent à fixer et à diriger l'attention.

Pour que l'âme d'un individu agisse sur celle d'un autre, il faut que les deux âmes s'unissent en quelque sorte, qu'elles concourent au même effet, qu'elles aient des affections communes. Or, quelle est l'affection la plus marquée d'un malade, c'est le désir d'être guéri. Il faut donc que j'aie la volonté de guérir un malade pour agir efficacement sur lui. Avec une autre intention, je le tourmenterois inutilement, et ne produirois aucun effet.

Le magnétiseur est actif, le magnétisé est passif ; de là naît l'ascendant du premier sur le second. Ainsi j'ai pris de l'ascendant sur un malade quand mon âme agit assez énergiquement sur la sienne pour l'entraîner de façon à faire l'office de principe mouvant, afin de pouvoir, de concert avec elle, combattre la cause du mal.

Cet ascendant dépend de l'état moral du malade, du rapport de ses dispositions intérieures avec les miennes, et surtout de la *cordialité* que je mets dans ma volonté.

Quand j'ai pris sur le malade un ascendant très-fort, mon âme produit sur lui un plus grand effet ; les nerfs du cerveau sont chargés d'une surabondance de principe vital, et souvent le sommeil a lieu.

Dans ce cas, l'action que je produis chez le dormeur se joint à celle de son âme et en augmente les facultés. Ses nerfs ont une plus grande irritabilité ; il sent mieux tout ce qui se passe en lui ; il pense à ce qui l'intéresse, sans être distrait par les objets extérieurs : voilà le somnambulisme.

Ainsi, dans le somnambulisme, les organes intérieurs étant imprégnés du principe du sentiment, deviennent susceptibles des impressions les plus délicates : l'âme agit plus librement ; les instrumens dont elle se sert sont plus parfaits. Le somnambule a plus d'idées, plus de connoissances. Il combine mieux, mais ses idées ne pourront jamais franchir les bornes de la matière.

Dans cet état, la volonté du magnétiseur agit conjointement avec celle du somnambule ; et comme le premier y met plus d'énergie, le second l'exécute, parce qu'elle devient la sienne propre.

L'imagination et l'imitation peuvent contribuer à renouveler quelques-uns de ces effets, mais elles ne suffiroient jamais pour les produire la première fois.

La nature seule produit quelquefois des crises semblables, mais ce somnambulisme naturel n'est point aussi parfait.

Ce que l'auteur dit ensuite étant analogue à

ce qui se trouve ailleurs, je ne m'y arrêterai point. Il a ajouté à son ouvrage des notes très-curieuses ; elles contiennent des faits qu'il a observés, et qui tendent à prouver que les procédés n'ont aucune efficacité par eux-mêmes, et que les effets divers qu'on leur attribue sont dus à la confiance que le magnétiseur avoit en ces pratiques (1). Ils tendent à prouver encore qu'il n'y a point de fluide magnétique, et que l'action de l'âme étant la cause unique des effets du magnétisme, c'est à la communication de l'âme que tout est dû. Or cette âme est une substance immatérielle dont nous ne pouvons conséquemment connoître la nature, mais qui n'est pas plus un fluide qu'un solide.

L'ouvrage que je viens d'analyser est en général très-bien écrit. Il n'est pas aussi répandu qu'il mériteroit de l'être. On m'a assuré que lorsqu'il fut publié, on fit tout ce qu'on put pour l'empêcher de circuler, et pour faire disparoître la

---

(1) Quoique je ne sois pas entièrement de l'avis de M. Villers, il me seroit impossible de répondre aux preuves sur lesquelles il s'appuie. Il en résulte du moins que si les procédés ne sont pas indifférents, ils peuvent toujours être suppléés par l'énergie de la volonté. Il en résulte encore que les idées et les opinions du magnétiseur ont une prodigieuse influence sur celles du somnambule, et que souvent ce qui nous paroit dans celui-ci une idée nouvelle, n'est autre chose qu'un résultat qu'il a tiré de la combinaison des idées que nous lui avons nous-même fournies.

plus grande partie de l'édition. Il seroit à désirer que l'auteur le fît imprimer de nouveau , en faisant quelques changemens à la partie romanesque , et en l'enrichissant des observations et des réflexions qu'il a faites depuis sur le même sujet.

Le chapitre 17, qui est consacré à l'éloge du magnétisme , est plein de grâce et de sentiment, et le chapitre 20 contient une critique très-juste des méthodes qu'on suivoit encore alors dans les traitemens publics. Je crois devoir citer ce dernier morceau , parce qu'il prouve que l'auteur n'étoit point un enthousiaste , qu'il jugeoit de sang-froid , qu'il pensoit d'après lui-même , et parce qu'il montre très-bien les causes qui, en donnant une idée fausse du magnétisme , en ont rendu la pratique ridicule , et ont détourné beaucoup de gens sensés d'en examiner les phénomènes.

« L'appareil dont on a environné le magnétisme (dit M. Villers) a dégénéré en abus : la pantomime des initiés a diverti le public. Pouvoit-on blâmer un homme de sang-froid qui n'y voyoit que du charlatanisme ?...... Entrons dans un baquet, nous y verrons les ridicules contorsions des malades et de ceux qui les dirigent ; une espèce d'aristocratie plaisante, l'air affairé des uns, la gravité des autres, des cérémonies qui ressemblent à une mystification, des exclamations à la vue des somnambules, un secret affecté ; et cependant il faut admirer, il faut croire. Aussi les curieux qu'on a rendus témoins de ce spectacle vont-ils en sortant s'amuser aux dépens de la *société de l'Harmonie* (1).

« On ne peut savoir mauvais gré à personne d'en rire ; mais on traitera bien différemment un homme qui annoncera tranquillement un moyen de soulager des malades, qui, à mesure que les faits se présenteront, en dégagera tout le merveilleux, et s'en rapportera au spectateur pour les apprécier. Celui-ci ne voit plus de prodiges, mais des phénomènes étonnans seulement par leur nouveauté. Il commence à partager les jouissances du magnétiseur ; le sentiment de l'humanité s'échauffe ; il a vu plus d'effets qu'on ne lui en avoit promis ; il espère en découvrir encore, et le voilà devenu partisan du magnétisme. »

---

(1) M. Villers peint vivement le danger de la pratique du magnétisme entre des jeunes gens de différent sexe. Il l'attribue surtout aux procédés dont on faisoit encore usage ; mais il montre que ce danger n'existe que pour ceux qui veulent s'y exposer.

# CHAPITRE III.

*Considérations sur l'origine, la cause et les effets de la fièvre, sur l'électricité médicale et sur le Magnétisme animal, par M. Judel, docteur en médecine de la faculté de Montpellier, ancien médecin en chef d'un hôpital militaire, etc. In-8°. 149 p. Paris, chez Treutell et Wurtz, 1808.*

———

L'AUTEUR regarde la fièvre comme une crise par laquelle la nature tend à détruire la cause des maladies : il s'élève contre l'abus du quinquina dans les fièvres intermittentes, et il veut qu'on réserve ce tonique puissant pour les fièvres ataxiques. C'est aux médecins à discuter ses opinions à cet égard. Mais je dois m'arrêter un moment sur ce qu'il dit du magnétisme. Il le croit propre à déterminer des crises que la nature seule ne pourroit produire, et il conseille aux médecins de l'employer comme auxiliaire dans le traitement des maladies chroniques.

Ses observations sur le somnambulisme sont très-justes. Dans cet état, dit-il, tous les sens externes paroissent se concentrer vers l'organe interne de nos sensations, dont ils ne sont pour ainsi dire que les prolongemens. Alors ce centre commun, enrichi des facultés de tous les autres, prend un développement qui semble tenir du prodige. Il ajoute qu'on ne peut croire à la réalité de cet état qu'autant qu'on l'a vu plusieurs fois, et examiné avec attention : et que par cette raison on a mal fait d'en raconter les phénomènes. Il pense comme moi que les guérisons opérées sur le tombeau de saint Médard sont un effet du magnétisme.

Je ne dirai rien de sa théorie sur le fluide universel, sur l'action de la nature, etc. Ces idées systématiques ne me paroissent conduire à aucun résultat positif. Mais on lui doit de la reconnoissance pour la sincérité avec laquelle il a exposé son opinion sur le traitement de plusieurs maladies, et l'on ne sauroit rejeter son témoignage sur l'efficacité du magnétisme, lorsqu'il assure que lui-même a eu recours à ce moyen dans une maladie très-grave, et qu'il lui doit la vie.

# CHAPITRE IV.

*De la nature de l'homme, et des moyens de le rendre plus heureux, par P. J. Bachelier d'Agès.* Paris, an VIII. In-8°, 223 p.

———

C'EST un traité de philosophie morale dans lequel sont examinées les questions les plus importantes pour le genre humain. L'auteur se montre animé de l'amour de ses semblables, et rempli de cette religion douce, de ce véritable esprit du christianisme qui nous porte à regarder tous les hommes comme nos frères ; il combat sans déclamation les opinions contraires à la sienne, et, lors même qu'on n'est pas de son avis, on se sent pénétré d'estime et d'attachement pour lui. Après avoir cherché la cause de nos erreurs et de nos maux, il nous invite à nous en délivrer. « Nous parviendrons à ce but, ou du moins nous en approcherons autant qu'il est possible, en nous conformant à la loi divine et à la loi naturelle ; en rétablissant l'harmonie entre nos facultés intellectuelles et nos facultés physiques ; en écoutant la conscience et l'instinct. « Je n'entrerai point dans les détails de ce système ; ils sont étrangers à mon sujet. Je parle de l'ouvrage, parce que l'auteur indique le magnétisme comme le remède le plus efficace dans la plupart des maladies, et comme un moyen de nous éclairer sur la nature, l'étendue et l'usage de nos facultés intellectuelles. Son chapitre sur le magnétisme, et celui sur *l'état de concentration appelé somnambulisme*, prouvent qu'il a vu tous les phénomènes, et qu'il les a très-bien observés. On n'en trouve nulle part un tableau plus exact et tracé en aussi peu de mots. Cette précision tient à ce que l'auteur avoit approfondi son sujet, et qu'il l'a ensuite considéré d'un point de vue très-élevé. Sa théorie sur le fluide universel, qui établit une correspondance entre tous les corps, est une modification de celle de M. Mesmer. C'est dans les conséquences qu'ils diffèrent, parce que M. de Bachelier nous ramène sans cesse aux idées religieuses dont M. Mesmer a fait abstraction.

M. de Bachelier admet dans l'homme un sens interne qui a pour organe l'ensemble du système nerveux, et qui a son siége dans la substance même des nerfs. Cet organe est susceptible d'impressions infiniment plus délicates que les organes extérieurs ; mais ces impressions cessent d'être aperçues lorsque le jeu de ceux-ci absorbe notre attention. Dans l'état de somnambulisme, les fonctions des sens externes sont suspendues, et les impressions que reçoivent intérieurement nos nerfs deviennent sensibles parce qu'elles sont seules.

En terminant son chapitre sur le magnétisme, M. de Bachelier se demande comment il se fait qu'une découverte importante par son étendue et précieuse par ses effets, annoncée depuis vingt ans, soutenue par des preuves authentiques et défendue par les hommes les plus estimables, n'ait encore produit qu'une opinion incertaine : « c'est, dit-il , que les assertions qui étoient le résultat· de cette découverte ayant plusieurs traits de ressemblance avec d'anciennes erreurs, la plupart des hommes consacrés aux sciences et à l'art de guérir ne les ont d'abord considérées que sous ce point de vue. Prévenus de cette idée, ils ont négligé de s'éclairer par leur propre expérience, et ils n'ont vu dans la personne de l'inventeur qu'un adversaire qu'ils devoient combattre. D'autres personnes , et le nombre en est assez grand , se sont exaltées et livrées à de telles exagérations qu'elles ont rendu tous les faits incroyables. Voilà quelles ont été jusqu'à présent les sources de l'opinion publique à cet égard : mais qu'on ne s'y trompe pas : l'observation des principes naturels que je viens d'exposer a fait des impressions profondes, et il existe dans toutes les classes de la société des hommes sages, éclairés et très-instruits, qui s'occupent en silence de cette pratique bienfaisante, et qui multiplient sans ostentation les preuves d'une vérité si importante pour le bonheur des hommes. J'ai la confiance qu'elle prévaudra, quelque chose qu'on puisse entreprendre pour la détruire : j'ai du moins la certitude qu'elle aura de zélés défenseurs. »

On trouve dans cet écrit quelques pages dont les idées et les expressions sont les mêmes que dans le *Mémoire de M. Mesmer sur ses découvertes*, qui a paru dans le même temps. Il est essentiel d'en donner la raison. Lors de son arrivée à Paris, M. Mesmer se lia intimement avec M. de Bachelier, et comme il n'avoit pas l'habitude d'écrire en français, il s'adressa à lui pour la rédaction du premier mémoire qu'il publia en 1779. M. Mesmer étant revenu à Paris après une absence de quinze ans, il se réunit de nouveau avec son ami et ils composèrent ensemble le mémoire imprimé en l'an 7. M. de Bachelier fut en ce moment obligé de faire un voyage, et ses communications avec M. Mesmer se trouvèrent interrompues. Ce fut dans ce temps qu'il publia l'ouvrage de morale dont je viens de rendre compte, et qu'il y inséra sur le magnétisme quelques-unes des notes qu'il avoit faites avec **M. Mesmer**, qui de son côté faisoit imprimer son mémoire sans que M. de Bachelier en fût instruit. Ni l'un ni l'autre n'ont prétendu s'approprier ce qui ne leur appartenoit pas. M. de Bachelier reconnoît que c'est à **M. Mesmer** qu'il doit ses connoissances sur le magnétisme, et que l'ouvrage qu'il publie doit être suivi de deux autres que publiera **M. Mesmer**, l'un sur la théorie universelle, l'autre sur le somnambulisme. «Le premier, dit-il, est le résultat des méditations de M. Mesmer, et sera bientôt publié par lui-même; le second est le produit abrégé de nos conférences et de nos réflexions combinées, et l'on y distinguera, je l'espère, quelques traits propres à donner des idées plus justes sur la nature de l'homme et sur les facultés indéfinies dont il est susceptible. »

Ainsi, pour ce qui est à peu près semblable dans les deux ouvrages, la théorie physique, les rapprochemens entre le somnambulisme et les crises naturelles de plusieurs maladies, appartiennent sans doute à M. Mesmer; mais ces idées heureuses qui lient les principes, ces comparaisons ingénieuses qui en font sentir la justesse sont dues au talent de M. de Bachelier.

# CHAPITRE V.

*Appel au public sur le Magnétisme animal, ou projet d'un journal pour le seul avantage du public, et dont il seroit le coopérateur.* In-8°, 100 p. 1787.

———

C'EST le prospectus d'un journal dans lequel on se proposoit de donner l'analyse de tous les ouvrages anciens et modernes relatifs au magnétisme, et de recueillir les observations qui pourroient être adressées par les magnétiseurs de tous les pays, pour parvenir à fixer l'opinion et à former un corps de doctrine appuyé sur l'expérience. Ce qui rend aujourd'hui ce prospectus assez curieux ce sont les notes, dans lesquelles on a donné un extrait de Maxwel, et l'indication d'une foule d'anciens ouvrages latins, allemands et français, où l'on trouve, soit des faits semblables à ceux que la pratique du magnétisme a présentés, soit des opinions analogues à celles qu'il a fait naître. Il faut cependant convenir que parmi ces ouvrages il y en a plusieurs qui n'ont avec le magnétisme qu'une relation très-éloignée, et plusieurs autres qui ne contiennent que des idées chimériques.

Le projet du journal n'a point été exécuté. On sent que les événemens qui agitèrent la France en 1788 durent y mettre obstacle.

Je saisis cette occasion d'offrir un hommage à la mémoire de M. Mouillesaux, auteur de ce prospectus. Il étoit directeur des postes à Strasbourg, et il s'étoit acquis par ses talens et par ses vertus la confiance du Gouvernement et l'estime de ses concitoyens. Son caractère, son esprit et son zèle pour le bien engagèrent la société des Amis réunis de Strasbourg à le nommer son secrétaire, et il a inséré plusieurs articles intéressans dans les mémoires de cette société(1). Il fut ensuite nommé à la place d'administrateur général des postes, et vint en conséquence se fixer à Paris. Il a terminé sa carrière le 10 novembre 1811, à l'âge de 72 ans, après avoir sacrifié ses loisirs, sa fortune et son repos à l'établissement d'une doctrine dont il connoissoit l'utilité.

---

(1) Le rapport qu'il a placé à la tête du troisième volume présente peut-être des idées systématiques ; mais il annonce dans l'auteur tant d'amour pour le bien, qu'en le lisant on se sent naturellement disposé à adopter une doctrine qui a de tels apôtres ou qui inspire de tels sentimens.

# CHAPITRE VI.

*Des recueils de faits.*

———

IL seroit extrêmement utile de comparer toutes les observations recueillies jusqu'à présent, pour savoir quel secours on peut attendre du magnétisme dans les diverses maladies, quels remèdes doivent lui être associés, quelle est la nature des crises qu'il produit, s'il est des circonstances où il peut être nuisible, quelle confiance on doit aux prévisions et aux prescriptions des somnambules, quelles précautions il convient de prendre pour consolider une cure apparente, etc. ; mais ce travail ne peut être fait que par un médecin capable de discerner dans les relations les détails exacts de ceux qui sont exagérés, et dans les symptômes qui ont précédé ou accompagné le traitement, le véritable caractère des maladies.

Dans presque tous les livres en faveur du magnétisme on raconte des guérisons trop surprenantes pour qu'il ne faille pas se méfier de l'enthousiasme de ceux qui prétendent les avoir opérées. Cependant il ne peut y avoir aucun doute, lorsque des personnes attaquées de violentes douleurs , ou frappées de paralysie , affirment qu'elles ont tout à coup cessé de souffrir, ou qu'elles ont recouvré l'usage de leurs membres. Il ne peut y en avoir non plus lorsque, dans les maladies invétérées, des médecins, ayant constaté antérieurement l'état des malades et l'insuffisance des remèdes, ont ensuite reconnu la guérison (1).

Parmi les ouvrages qui contiennent des faits , il en est dont j'ai déjà parlé , comme ceux de MM. Mesmer et d'Eslon , et le supplément aux rapports ; d'autres seront l'objet de la section suivante ; il y en a plusieurs encore que je n'ai pu lire parce qu'ils sont écrits en allemand. Je me bornerai , dans ce chapitre , à proposer quelques réflexions sur les rapports des cures opérées à Busancy, à Bayonne, à Bordeaux, à Beaubourg , à Nantes, à Lyon, et sur une lettre de M. Chastenet de Puységur.

§ I. *Lettre de M. le C* C** D P. à M. le P. E. D. S.* In-12. 59 p. 1783.

Quoique le titre de cet écrit ne porte que

---

(1) Ceux qui ont suivi la pratique du magnétisme depuis l'époque de la découverte jusqu'à nos jours, sont bien persuadés que la plupart des guérisons qu'on a citées d'abord n'ont pas été complètes. La première application du magnétisme peut ranimer les forces et faire cesser les douleurs ; mais pour que le bien se soutienne, pour que la cause de la maladie soit détruite, il faut du temps et de la patience.

les lettres initiales du nom de l'auteur, ce nom
est bien connu : c'est M. le comte Chastenet de
Puységur, qui est mort il y a deux ans, en laissant
une grande réputation de connoissances, de
justesse d'esprit et de droiture de caractère. On
ne peut élever le moindre doute sur ce qu'il affirme. Il n'a rien publié depuis sur le magnétisme,
non plus que son frère Maxime, parce que l'un
et l'autre, dégoûtés par l'accueil qu'on avoit fait
à la doctrine qu'ils soutenoient, ont cru devoir
la pratiquer et la propager en silence, et attendre que la vérité n'éprouvât plus les mêmes
obstacles.

La théorie exposée dans cette lettre n'est pas
fort claire ; mais les faits que rapporte M. de
Chastenet sont extrêmement précieux. Il raconte
d'abord comment il a été guéri tout à coup d'une
maladie dont il étoit attaqué depuis plusieurs
mois, dans un temps où il fit l'essai du magnétisme sans y avoir la moindre confiance. Il affirme ensuite qu'il a fait un grand nombre d'expériences qui toutes ont été suivies des plus
heureux succès. Ces succès sont pour lui la
preuve de la vérité d'une théorie dont il n'offre
qu'un aperçu, et qu'il ne prétend proposer aux
autres que comme une hypothèse. Nous savons
aujourd'hui qu'on réussit également, quelque
théorie qu'on adopte, pourvu que les procédés

soient accompagnés des conditions essentielles, la confiance et la volonté constante de faire du bien.

M. de Chastenet termine sa lettre par la relation de la maladie et de la guérison d'une dame de Brest. Le médecin de cette dame ayant épuisé toutes les ressources de l'art, et n'ayant plus aucun espoir de la sauver, proposa lui-même à M. de Chastenet de faire l'essai de sa méthode. M. de Chastenet réussit au-delà de toute espérance ; la guérison s'annonça par des phénomènes singuliers, et d'autant plus surprenans qu'ils n'étoient pas encore connus. Ces faits se passèrent à la vue de tous les habitans de Brest, et MM. le premier et le second médecin de la marine, docteurs régens de la faculté de Paris, ainsi que MM. les chirurgiens-majors de la marine, en attestèrent la vérité par des certificats que M. de Chastenet a fait imprimer de leur aveu. Les circonstances rapportées dans ces certificats, et la manière dont ils sont rédigés, prouvent évidemment qu'il ont été donnés à la suite d'un examen attentif et d'une entière conviction. On ne conçoit pas comment des médecins s'élevèrent peu de temps après contre une doctrine que plusieurs de leurs confrères avoient reconnue d'une manière si authentique.

§. II. *Détail des cures opérées à Busancy, près Soissons, par le Magnétisme animal.* In-8°, 44 pag. Soissons, 1784.

Cet écrit est, si je ne me trompe, le premier où l'on ait raconté les phénomènes merveilleux du somnambulisme. C'est M. Cloquet, receveur des gabelles à Soissons, qui rend compte de ce qu'il a vu pendant un mois chez M. de Puységur.

Le traitement se faisoit sous un orme situé au milieu de la place de Busancy. Plus de deux cents malades s'y étoient rendus ; la plupart avoient été guéris, et plusieurs étoient susceptibles de crise somnambulique. Je ne puis me refuser à transcrire ici quelques réflexions de M. Cloquet :

« MM. de Puységur n'ont point la prétention de guérir toutes les maladies ; ils regardent le magnétisme comme un principe rénovateur, quelquefois suffisant pour rendre du ton à un viscère offensé, et pour donner au sang et aux humeurs un mouvement salutaire ; ils le regardent aussi comme un indicateur des maladies dont le siége échappe au sentiment du malade et à l'observation des médecins ; mais ils déclarent que la médecine doit concourir avec le magnétisme et seconder ses effets.

« Pendant que j'observois ce spectacle intéressant, j'ai entendu prononcer le mot de charlatanisme, et je me suis dit : il est possible que
deux jeunes gens légers, inconséquens, ar-
rangent pour une seule fois une scène convenue
d'illusions, de tours d'adresse, et fassent des
dupes dont ils riront ; mais on ne me persuadera
jamais que deux hommes de la cour, qui ont été
élevés avec le plus grand soin par un père instruit, et qui dans l'âge des jouissances viennent
pendant la belle saison se délasser à leur terre,
abandonnent pendant un mois leurs affaires et
leurs plaisirs pour se livrer à l'ennui de dire et
faire toute la journée des choses de l'inutilité et de
la fausseté desquelles ils seroient intérieurement
convaincus. Cette continuité de mensonges et de
fatigue répugne à la nature et à leur caractère...
Quel seroit l'intérêt qui les feroit agir ? Il n'est
besoin que de les voir au milieu de leurs malades
pour être persuadé de la satisfaction qu'ils éprouvent à faire un usage utile de la doctrine qui
leur a été révélée.

« Interrogez les malheureux qui sont venus
implorer les secours du seigneur de Busancy, ils
vous diront tous, il nous a guéris, il nous a con-
solés, il nous a assistés ; c'est notre père, notre
libérateur, notre ami. »

Je sais bien que personne aujourd'hui n'oseroit élever le soupçon de charlatanisme contre
des hommes tels que MM. de Puységur ; mais on
dit encore que les effets surprenans dont on a
rendu compte sont dus à l'imagination. Je ne
pourrois répondre à cette objection qu'en rapportant les faits. Je renvoie à la lettre de M. Cloquet ; on y verra que tout ce que faisoient les
somnambules qui touchoient des malades, et qui
obéissoient à leur magnétiseur, ne peut être expliqué que de deux manières, ou bien en reconnoissant dans le somnambulisme un phénomène réel, quoique fort extraordinaire ; ou bien
en supposant une convention antérieure et très-
difficile entre ces somnambules et leurs magnétiseurs. Or, comme cette dernière supposition est
absurde, on est forcé d'admettre la réalité des
effets du magnétisme.

A la suite de la lettre de M. Cloquet, on en
trouve une de M. de Puységur à M. Bergasse,
qui contient une relation simple de soixante-deux
guérisons opérées à Busancy pendant les mois
de mai et juin 1784. Sur ces soixante-deux malades, dix étoient susceptibles de crise magnétique. M. de Puységur a grand soin de distinguer ceux dont la guérison n'a pas été complète.
Trois cents autres malades s'étoient inscrits, mais

M. de Puységur étant obligé de partir pour se rendre à son corps, le traitement fut interrompu.

On trouve encore dans ce petit ouvrage une lettre du père Gérard, supérieur de l'ordre de la charité, dans laquelle il raconte la guérison qu'il a faite d'un hydropique que les médecins avoient jugé sans ressource, et l'histoire de la cure du fils de madame Kornmann.

§. III. *Lettre à l'intendant de Soissons sur les opérations mesmériènes de M. de P. à Busancy ; imprimée dans le Conservateur, t. 1, pag. 156—168.*

Ce seroit manquer aux égards dus à MM. de Puységur que de répondre à cette lettre. Je la cite comme un exemple des excès auxquels se portoient les ennemis du magnétisme, à qui leur animosité faisoit oublier les lois de l'honnêteté, de la politesse et de la bienséance. Que, poussés par un esprit de curiosité, deux jeunes gens s'introduisent secrètement chez M. de Puységur, en prenant des précautions pour n'être pas connus ; qu'après avoir vu ce qui s'y passe, ils en plaisantent avec les personnes de leur connoissance ; c'est déjà une démarche indiscrète, qu'on ne peut pardonner qu'au défaut d'éducation et à l'étourderie de leur âge. Mais qu'ils prétendent se faire un mérite du rôle d'espions ; que,

non contens d'accuser de charlatanisme des hommes respectables, et de les couvrir de ridicule, ils
peignent leur conduite sous les couleurs les plus
indécentes et les plus odieuses, c'est ce qu'on ne
sauroit excuser sous aucun prétexte. Les hommes
sages auroient dû voir que si le magnétisme eût
été une chimère, on n'auroit pas eu besoin de
l'attaquer en calomniant ses partisans. Supposer
que MM. de Puységur, et conséquemment tous
ceux qui suivoient la même doctrine, étoient des
charlatans, et qu'ils employoient des pratiques
dangereuses pour les mœurs, c'est le comble de
l'absurdité. Cependant l'auteur de cette lettre
reconnoît quelques effets qu'il attribue à l'aimant.
Son explication annonce qu'il étoit aussi mauvais
physicien que mauvais observateur.

§. IV. *Rapport des cures opérées à Baïonne par
le Magnétisme animal, adressé à M. l'abbé
de Poulouzat, conseiller-clerc au parlement
de Bordeaux. Par M. le comte Maxime de
Puységur.* In-8°, 72 pag. Baïonne, 1784, et
se trouve à Paris chez Prault.

Le détail des cures opérées à Baïonne par
M. Maxime de Puységur, depuis le 19 août 1784
jusqu'au 1er octobre suivant, est précédé d'une
lettre dans laquelle il expose à M. de Poulouzat

les circonstances qui l'ont déterminé à faire usage du magnétisme, malgré la résolution qu'il avoit prise de laisser ignorer qu'il en connoissoit la doctrine. En qualité de mestre de camp en second du régiment de Languedoc, il commandoit l'exercice à MM. les officiers, lorsqu'un d'eux tomba frappé d'un coup de sang. Comme les secours qu'on lui administra furent inutiles, M. de Puységur crut devoir recourir au magnétisme. Le succès fut tel que tout le monde en fut étonné. Un autre accident arrivé le même jour ayant encore obligé M. de Puységur à employer le même moyen, il fut sollicité d'entreprendre la guérison des malades du régiment. Il ne put s'y refuser, et bientôt tous les malades de Baïonne et des environs se rendirent à ce traitement. Le nombre en étoit prodigieux : une foule d'officiers devinrent les aides du chef, et les guérisons se multiplièrent de jour en jour. Je ne puis entrer ici dans le détail de ces guérisons. M. de Puységur n'a rien négligé pour en démontrer la réalité.

« On vous fera passer, dit-il à M. de Poulouzat, une liste de soixante guérisons prouvées d'une manière incontestable. Je ne vous envoie pas cette liste avec ma lettre, parce que je veux qu'on ne constate les faits qu'elle contient que quand je ne serai plus ici. C'est une précaution de plus que je ne veux pas négliger, afin d'être sûr que je ne me dupe pas moi-même. »

Ces soixante certificats, déposés chez un notaire, sont signés par les malades et par les officiers du régiment pour les soldats; par les malades, par leurs parents et par le maire de la ville, pour les habitans de Baïonne. Le maire a pris un soin particulier pour vérifier les faits : de plus, un médecin, un chirurgien, un apothicaire de Baïonne, et le chirurgien-major du régiment de Languedoc en attestent la vérité. Enfin, en quittant Baïonne, M. de Puységur a déposé chez un notaire une somme de 600 fr. pour subvenir à la dépense que pourroient entraîner les recherches que désireroient faire ceux qui voudroient contester les faits, et pour payer les frais d'impression des réfutations, pourvu que le réfutateur offrît des preuves et consentît à se nommer. On voit qu'il est impossible de prendre plus de précautions. D'après la nature et le caractère des maladies, il est évident qu'il en est plusieurs dont la guérison ne peut être attribuée qu'au magnétisme.

M. de Puységur avoit d'abord magnétisé sous des arbres; mais l'hiver s'opposant à ce qu'on restât en plein air, il demanda aux Pères Augustins de lui céder une salle de leur couvent, pour qu'après son départ les élèves qu'il avoit formés pussent y continuer le traitement. Ceux-ci y consentirent d'autant plus volontiers que M. de Puységur avoit guéri un de leurs religieux âgé de 75 ans, paralytique de la moitié du corps.

La relation des cures opérées à Baïonne par M. Maxime de Puységur a été réimprimée dans les mémoires de la société de Guienne, dont je vais rendre compte.

§. V. *Recueil d'observations et de faits relatifs au Magnétisme animal, présenté à l'auteur de cette découverte, et publié par la société de Guienne.* Paris, in-8°, 1785, 168 pag.

Cette société, organisée par M. Maxime de Puységur, étoit composée de soixante membres, qui, par leur état, paroissent être des hommes éclairés, et dans le nombre desquels on compte huit médecins, un chirurgien, un maître en pharmacie et quatre religieux de la charité.

On trouve d'abord une lettre de MM. Fitz-gibbon et Pradelles, docteurs en médecine, dans laquelle ils exposent les motifs qui les ont déterminés à ne pas négliger un moyen de guérison extrêmement simple, quoique contraire aux pratiques anciennes. Cette lettre est suivie de quarante-neuf observations dans lesquelles ils exposent l'état de quarante-neuf malades qu'ils ont guéris. Comme ces messieurs étoient médecins, on doit présumer que leurs relations sont exactes. Ils avertissent encore qu'ils ont reconnu l'efficacité du magnétisme dans plusieurs maladies de femmes, dont par délicatesse ils n'ont pas voulu donner le détail.

A la suite de leurs propres observations, ces messieurs ont rapporté celles qui leur ont été adressées par divers membres de la société, et qui ne sont ni moins circonstanciées, ni moins surprenantes. Il faut surtout distinguer celles de M. Malzac père, docteur en médecine et praticien célèbre à Castres, qui cite neuf exemples choisis pour prouver que les guérisons qu'il a opérées n'ont pu être produites ni par l'imagination, ni par l'imitation, ni par l'attouchement. Sa lettre, adressée à M. Archbold, est pleine de sagesse. Voici comment il la termine :

« Vous comprenez, mon cher confrère, que, d'après ces observations, il m'est impossible de douter de l'existence de l'agent découvert par M. Mesmer, et de l'efficacité des moyens employés pour le mettre en action. Je joindrai donc ce moyen à ceux que je connois déjà, et je m'en servirai comme je me sers de ces derniers, c'est-à-dire en médecin praticien qui, dans le traitement des maladies, n'admet d'autre théorie que celle qui est le résultat des observations et de l'analogie....... Ainsi, de même que j'emploie le quinquina uniquement dans les cas où l'expérience nous a appris qu'il est salutaire, de même je me propose de n'employer le nouvel agent que dans les maladies semblables à celles qu'il aura guéries ou soulagées; du moins jusqu'à ce que des expériences multipliées aient prouvé que son usage n'est jamais pernicieux, ou qu'il ne l'est que dans tel ou tel cas déterminé. »

C'est dans cette même lettre qu'il rapporte que le célèbre médecin La Mure de Montpellier lui avoit écrit, le 23 juin 1783, pour lui conseiller d'employer le magnétisme pour la guérison d'une tumeur au sein, d'après le succès qu'il avoit vu de ce moyen dans le même cas.

Parmi les observations de M. Malzac, il en est une de l'effet du magnétisme sur un enfant de quatre ans, et une autre sur une petite chienne.

Il est remarquable que, des cent soixante-six observations rapportées dans cet écrit, il n'y en a que trois où il soit fait mention de crise magnétique, encore est-ce sans aucun détail relatif à ce phénomène. On n'y trouve que ces mots : « Ce malade étoit susceptible de crise magnétique. » Apparemment les magnétiseurs de cette société ne croyoient pas qu'il fût temps de publier ces détails.

L'ouvrage dont je viens de donner l'extrait

contient aussi la relation des cures opérées à Baïonne par M. Maxime de Puységur.

§. VI. *Nouvelles cures opérées par le Magnétisme animal.* In-8°, 64 p. 1784.

C'est un recueil de faits de la plus grande authenticité. On y voit,

1° L'exposé des cures opérées à Beaubourg en Brie sous des arbres magnétisés. M. le marquis de Tissard du Rouvre en rend compte avec la même simplicité que M. de Puységur l'avoit fait pour celles de Busancy. Ce traitement de M. de Tissard est un de ceux qui ont fait le plus de bien à cette époque, et qui ont eu le plus de témoins. On peut en voir le tableau dans l'ouvrage intitulé : *Procédés du Magnétisme,* dont j'ai donné l'extrait;

2° L'histoire de plusieurs guérisons opérées par des médecins et des chirurgiens connus, qui ont eu soin de rendre compte de l'état des malades, et de tous les effets que le magnétisme a produits sur eux ;

3° Deux certificats de M. le comte de Chastenet de Puységur, commandant la flûte du roi, *le Frédéric-Guillaume,* qui atteste les services que le magnétisme a rendus aux malades de l'équipage pendant une navigation de quatre mois. Ces certificats sont signés par tous les officiers et par le chirurgien du vaisseau ;

4° Le compte rendu à M. Mesmer de l'état des malades admis au traitement gratuit, qu'il avoit établi rue Coq-Héron, par M. Girauld, médecin;

5° Enfin, l'histoire de la cure d'un hydropique, par M. Ters, chirurgien ordinaire du roi. M. Pibault, médecin des hôpitaux et des épidémies, qui depuis long-temps avoit donné ses soins à ce malade, et qui le jugeoit sans ressource et au moment de périr, a rédigé le procès-verbal de cette guérison surprenante, qui est encore attestée par plusieurs chirurgiens, et par toutes les personnes distinguées de Nogent-sur-Seine. J'ai déjà fait observer que l'hydropisie paroissoit être une des maladies sur lesquelles le magnétisme avoit le plus d'action.

L'ouvrage dont je viens de parler a été réimprimé dans le recueil des pièces les plus intéressantes relatives au magnétisme.

§. VII. *Détail des cures opérées à Lyon par le Magnétisme animal, d'après les principes de M. Mesmer, par M. Orelut. Lyon, 1784. In-8°, 27 p.*

Le traitement de Lyon étoit sous l'inspection des magistrats, et dirigé par quatre médecins ou chirurgiens, MM. Faissole, Grandchamp, Bonnefoy et Orelut. On peut compter sur ce qu'ils disent de l'état des malades et de leur guérison. Mais il paroît que M. Orelut s'exagéroit beaucoup l'efficacité du magnétisme : non que les faits qu'il cite ne soient très-remarquables, mais parce qu'il se livroit trop à l'espérance d'obtenir toujours les mêmes succès. Il n'est pas question de somnambulisme dans cet écrit, et les observations ne sont qu'au nombre de douze. Peu de temps après, il s'établit à Lyon un autre traitement où l'on vit les plus singuliers phénomènes. J'ai connu plusieurs de ceux qui y coopéroient ; mais je ne crois pas qu'ils aient fait imprimer la relation de ce qu'ils avoient vu. La doctrine du spiritualisme a été ensuite fort en vogue à Lyon, et je crois qu'elle a été nuisible à la propagation du magnétisme.

§. VIII. *Lettre de M. Valleton de La Boissière, médecin à Bergerac, à M. Thouret, pour servir de réfutation à l'extrait de la correspondance, etc. ; suivie d'un précis des cures opérées à Nantes par les moyens magnétiques.* In-8°, 240 p. 1785.

M. de La Boissière, après avoir été instruit à Paris par M. Mesmer, étoit allé établir un traitement d'abord à Nantes, ensuite à Bergerac, et il étoit parfaitement informé de ce qui se passoit, soit dans ces deux villes, soit à Bordeaux. Il me paroît avoir réfuté complètement ce que les correspondans de la société royale de médecine ont avancé sur la pratique et les effets du magnétisme, ainsi que sur l'opinion qu'on en avoit généralement dans les provinces. Sans oublier les égards dus à M. Thouret, il fait très-bien ressortir les inconséquences dont est rempli l'ouvrage qu'il a publié. Ce qu'il dit de l'application et de l'action des remèdes est d'un praticien éclairé. Rien de plus juste que ses réflexions sur la difficulté qu'on doit éprouver à rappeler l'attention sur des vérités imparfaitement connues, et qui avoient été rejetées à cause des erreurs qui les accompagnoient. Il cite quelques faits curieux : tel est celui d'un homme attaqué d'une fièvre maligne, qui n'a voulu faire aucun remède, et qui a été guéri le vingt-unième jour, sans convalescence, soit par le magnétisme, soit par la nature.

Cette lettre seroit à l'abri de la critique, si l'auteur ne se fût livré à des espérances illusoires sur le bien qu'on devoit attendre de la découverte de M. Mesmer; mais pourquoi ces espérances dans un médecin praticien, si ce n'est parce qu'il avoit vu opérer par le magnétisme des guérisons que la médecine lui paroissoit incapable de produire.

M. de La Boissière a joint à sa lettre l'histoire de quarante guérisons opérées à Nantes pendant les mois d'août et de septembre 1784. Il a pris soin de constater les faits, et d'exposer clairement la nature des maladies et la gradation des effets que le magnétisme avoit produits. L'histoire par laquelle il termine son recueil est celle d'une maladie grave dont il a été lui-même guéri par le magnétisme ; et l'on ne peut douter qu'il étoit bien à même de juger de ce qu'il avoit éprouvé. Je saisis cette occasion de remarquer que plusieurs médecins ont de même assuré qu'ils devoient la vie au magnétisme (1).

(1) Je connois plusieurs médecins qui, bien convaincus des phénomènes du magnétisme, doutent cependant de ses effets curatifs. Ceux qu'on cite, disent-ils, n'ont été ni bien observés, ni bien décrits : cela est vrai pour le rapport des cures opérées à Busancy, a Baïonne, etc. Des faits de ce genre ne deviennent une preuve que par leur multitude ; mais, parmi les ouvrages dont j'ai donné l'analyse, plusieurs contiennent des histoires données par des médecins instruits, accompagnées de consultations antérieures au traitement, et de détails sur l'action graduelle du magnétisme, tellement que la nature de la maladie, les crises produites par le remède, et la guérison, sont également constatées.

Les médecins dont je parle ont vu des essais inutiles. Qu'ils me permettent de leur faire une observation à ce sujet. Ceux de leurs malades qui ont eu recours au magnétisme l'ont fait lorsque la médecine n'offroit plus de ressource, et, dans ce cas, il est très-rare que le magnétisme soit curatif.

Il y a pour les médecins un moyen de fixer leur opinion, c'est de conseiller l'usage du magnétisme dans les maladies commençantes, en choisissant de préférence celles que j'ai indiquées. Ils pourront alors observer les changemens que son action produit dans la marche ordinaire des crises.

# CHAPITRE VII.

*Du Magnétisme animal et de ses partisans, par M. de Montègre, docteur-médecin de la faculté de Paris, etc. 1 vol. in-8°, 139 pages. Paris, 1812.*

Lorsque je me suis décidé à publier le résultat de mes observations sur le magnétisme, je pensois que l'enthousiasme et l'esprit de parti n'existant plus, c'étoit le moment de soumettre les faits et la doctrine à l'examen de la raison. Les choses ont changé tout à coup ; une brochure peu importante a fait renouveler des objections réfutées depuis trente ans ; les circonstances sont même devenues plus fâcheuses que jamais. A l'époque de la découverte il y avoit une lutte entre des opinions opposées : les partisans des idées nouvelles répondoient à leurs antagonistes ; les écrits des uns et des autres étoient lus avec avidité ; aujourd'hui un homme seul se présente ; animé par le zèle du bien, étranger à toute discussion, il raconte avec simplicité quelques faits, en invitant à les vérifier, et de nombreux adversaires s'élèvent contre lui, sans daigner faire connoître ses véritables sentimens. Les uns traitent le magnétisme comme une folie qu'on doit vouer au ridicule ; les autres le poursuivent comme un système qui tend à corrompre la morale et à replonger les hommes dans la superstition et la barbarie. L'opinion publique est égarée, et je ne puis plus me flatter d'être écouté de sang-froid. Cependant je regarderois comme une foiblesse d'abandonner en ce moment la défense de la vérité. Si je parviens à ramener quelques bons esprits, je serai consolé de toutes les critiques qui vont sans doute m'assaillir.

J'avois résolu de ne point répondre directement aux articles insérés dans les journaux : l'essentiel est de détruire la sensation qu'ils ont produite. Mais l'un des auteurs de ces articles les ayant fait imprimer à part, je suis obligé d'examiner son ouvrage. En gardant le silence, j'aurois l'air de mépriser ses attaques, tandis que ses talens et son état me font voir en lui un adversaire auquel je dois opposer toutes mes forces.

M. de Montègre accuse le magnétisme d'être contraire à la raison et aux bonnes mœurs, et *de conduire les hommes à l'abrutissement ;* il considère ceux qui se font magnétiser *comme des victimes qui ne sont pas retenues par la honte de se prêter à des facéties avilissantes ;* il s'élève *contre les pratiques des magnétiseurs, par la raison que l'aveugle confiance d'un enthousiaste est plus dangereuse que la fourberie calculée d'un imposteur.* Ainsi il dénonce comme des fous et des dupes un grand nombre d'hommes distingués par leur caractère, par leurs lumières, par leur zèle pour le bien, par la considération qu'ils ont acquise : à la vérité il les excuse sur la pureté de leurs intentions ; mais c'est en ajoutant *qu'ils n'en sont pas moins coupables de la dégradation réelle à laquelle ils réduisent leurs semblables.* Je me contenterai de prouver que, faute d'avoir consulté les personnes qui auroient pu l'éclairer, il a méconnu la doctrine qu'il combat, et en a calomnié les partisans.

M. de Montègre prétend que le magnétisme est jugé, et que jamais système ne fut soumis à un examen plus attentif et plus authentique. Cet examen et ce jugement sont ceux de l'académie et de la faculté. Si M. de Montègre se fût donné la peine de lire les réponses aux fameux rapports, il auroit peut-être changé d'opinion. Je ne reviendrai point sur ces réponses, dont j'ai donné l'analyse ; je me bornerai à une observation très-essentielle, et qu'un homme qui écrit sur ce sujet en 1812 ne devroit pas ignorer.

Lorsque M. Mesmer fit la découverte du magnétisme, il remarqua seulement des effets qui l'étonnèrent ; ne pouvant en pénétrer la vraie cause, il imagina une grande théorie pour les expliquer ; ensuite, d'après cette théorie , il inventa des procédés; enfin il établit des traitemens publics.

Mais M. Mesmer, qui avoit aperçu le phénomène principal , ne l'avoit point isolé des circonstances qui l'accompagnoient. Il croyoit sa théorie vraie ; il croyoit ses procédés essentiels.

Point du tout; sa théorie étoit hypothétique ; les procédés étoient inutiles et présentoient même des inconvéniens. Les commissaires condamnèrent la théorie et les procédés ; et je veux bien m'en rapporter à eux.

Mais le magnétisme est absolument indépendant de cette théorie et de ces procédés , qui sont également abandonnés depuis bien des années.

Les effets que les commissaires virent dans les traitemens publics leur parurent équivoques et même dangereux : mais les traitemens publics n'existent plus.

Ainsi il est inutile d'attaquer la théorie de M. Mesmer, ses procédés et les inconvéniens des traitemens publics ; tout cela est entièrement oublié. Ce sont des accessoires dont on avoit environné le magnétisme; il en est aujourd'hui dépouillé, mais il n'en existe pas moins pour cela.

Dans le rapport des commissaires, dont M. de Montègre adopte toutes les conclusions, les effets sont attribués à l'attouchement, à l'imagination, à l'imitation. L'attouchement n'est presque plus employé que d'une manière très-légère. Il suffit pour magnétiser une première fois de se placer à côté du malade en lui tenant la main, et dans la suite d'approcher sa main de lui. Si d'autres procédés sont utiles pour aider l'action, ils ne sont jamais nécessaires, et l'on peut y renoncer lorsqu'on y voit le moindre inconvénient.

Venons à l'imagination : On touche des gens de la campagne en causant avec eux, en leur proposant de faire une friction pour calmer une douleur de rhumatisme. Peut-on dire qu'on agit ainsi sur l'imagination d'un homme de cinquante ans? On produit, non des crises nerveuses, mais souvent la cessation de la douleur. S'il y a un autre effet, le plus ordinaire est le sommeil. Est-ce imagination ? Que répondra M. de Montègre ? Que cela n'est pas vrai. Mais alors des milliers d'hommes qui l'attestent sont des imposteurs; car sur tout cela il est impossible de se méprendre.

Quant à l'imitation, elle ne peut avoir lieu

dans les traitemens isolés, surtout avec des gens qui n'ont jamais entendu parler des effets attribués à un agent qu'on emploie même à leur insçu.

Ainsi le magnétisme tel que nous le connoissons ne ressemble en rien au magnétisme tel qu'il se montroit en 1784. Le phénomène principal existoit alors comme aujourd'hui. Mais ce phénomène étoit masqué par une infinité de choses étrangères.

Dans son second paragraphe M. de Montègre trace fort bien la conduite que le médecin et le physicien doivent tenir pour examiner les phénomènes du magnétisme et du somnambulisme. Il est évident qu'il n'a pas tenu cette conduite lui-même. Il croit la question décidée par les commissaires. Mais nous venons de voir que les commissaires n'ont jamais examiné le magnétisme dégagé de ce qui lui est étranger : quant au somnambulisme ils ne l'ont point examiné du tout, puisque cette crise n'avoit point encore été observée lorsqu'ils firent leur rapport.

« *Croyez et veuillez, disent les magnétiseurs à ceux qui se présentent à leurs opérations.* » Ce n'est point là ce que les magnétiseurs disent à ceux qui se présentent à leurs opérations : c'est ce qu'ils disent à ceux qui veulent produire eux-mêmes des effets : cela est très-différent. J'ai

expliqué cette proposition , et j'ai fait voir jusqu'où la croyance étoit nécessaire comme motif
déterminant de la volonté : mais on n'a pas besoin de croire pour observer ou pour ressentir
l'action du magnétisme. Il est facile de répandre
le ridicule sur ceux à qui l'on fait d'abord dire
des absurdités.

M. de Montègre fait un tableau effrayant de
la dégradation de l'espèce humaine, si l'on vient
à soumettre son intelligence à celle d'un autre
et à adopter la doctrine du magnétisme.

Ce morceau est curieux : mais a-t-on jamais
proposé de croire sur parole et sans preuves ?
et puis, quelles seroient les conséquences du préjugé , que si un homme a une sciatique , en lui
mettant la main sur l'épaule, et lui faisant quelques frictions, je puis le soulager , ou peut-être
le guérir ?

Quant aux phénomènes du somnambulisme ,
on ne demande à personne de les croire , même
après les avoir vus : on sait qu'il faut les avoir
produits soi-même pour en reconnoître la vérité.
On peut seulement inviter celui qui écrit sur ce
sujet à suspendre son jugement : et cela, non
pas pour l'intérêt du magnétisme, qui n'a nul
besoin de cette crise pour soulager ou guérir ;
mais pour l'intérêt des lumières , parce que c'est
un phénomène qui mérite d'être observé.

M. de Montègre montre un zèle admirable en s'adressant aux gens du monde. « Que ceux d'entre vous, leur dit-il , dont le cœur n'est pas ceint d'un triple acier , dont l'imagination n'est pas entièrement dominée par la raison, s'éloignent de ces scènes dangereuses : car de même qu'il est à craindre que des enfans, saisis à la vue d'un épileptique qui tombe et se débat en leur présence , ne soient eux-mêmes atteints de ce mal horrible : de même aussi vous devez à l'aspect de ces ébranlemens nerveux, de ces aliénations passagères , redouter les funestes effets de la contagion à laquelle vous vous exposez , etc. »

Mais où M. de Montègre a-t-il vu ces aliénations et ces ébranlemens nerveux ? et de quoi veut-il parler ? Est-ce des convulsions ? J'ai suivi pendant vingt-cinq ans la pratique du magnétisme , et je n'ai jamais vu qu'il produisît des convulsions : il n'y en a plus dans aucun traitement , à moins que la maladie qu'on veut guérir ne soit une maladie de convulsions, que le magnétisme calme, mais qu'il ne peut calmer tout à coup.

Est-ce du somnambulisme qu'il paroît confondre avec les aliénations et les ébranlemens nerveux ? Il ne s'est donc nullement informé de ce que c'est que l'état de somnambulisme. Un somnambule est un homme qui dort ou paroît dormir. On lui fait des questions et il répond avec une justesse surprenante : il est calme et paisible. Quand il s'éveille il a oublié ce qui s'est passé pendant son sommeil : voilà tout. Cet état est sans doute fort singulier ; mais il présente si peu de choses qui puissent frapper l'imagination, qu'on ne l'aperçoit qu'autant qu'on le connoît, et qu'on n'y croit guère qu'autant qu'on la produit soi-même.

Quel rapport entre les magnétiseurs et les noueurs d'aiguillettes, entre les magnétisés et les épileptiques ? C'est abuser de la confiance des lecteurs que de leur présenter sans preuve de pareilles comparaisons.

Il me reste à parler du troisième article de M. de Montègre : mais ici je ne puis entrer dans aucune discussion. Il est permis à un mé-decin de s'exprimer sans réserve sur les sujets les plus délicats, c'est principalement à ses con-frères qu'il s'adresse. Mon ouvrage est destiné à être lu par tout le monde, et je dois éviter ce qui peut blesser la décence. J'avoue encore que je répugnerois beaucoup à justifier des hommes graves et des femmes respectables d'un oubli total des règles de l'honnêteté. On n'a pu les en soupçonner qu'en les supposant insensés. Je suis même persuadé que le sentiment des bien-séances et de la pudeur se trouveroit encore chez les femmes, si leur raison étoit égarée.

Les deux pièces sur lesquelles s'appuie M. de Montègre sont une lettre anonyme, si méprisable qu'il n'auroit pas dû la citer en témoignage, et le rapport secret des commissaires. J'ai dit un mot de ce rapport. Il m'a paru si évidemment exagéré, qu'au lieu de le réfuter j'ai cru devoir en excuser les auteurs. J'ai supposé que les premiers magnétiseurs, égarés par le zèle et l'enthousiasme, employoient sans s'en douter quelques procédés qui avoient pu alarmer des spectateurs déjà prévenus contre le magnétisme. Ces pratiques n'existant plus, c'est sans aucun motif qu'on a violé le secret auquel les commissaires avoient destiné leur rapport ; et l'on s'étonne que M. de Montègre le fasse imprimer de nouveau, après avoir reconnu qu'il n'étoit pas de nature à être mis sous les yeux du public.

« Il faut convenir, dit-il, que les commissaires avoient à rapporter des détails pour lesquels nous-mêmes ne sommes point assez endurcis, et dont une société de magnétiseurs pourroit seule écouter de sang-froid le récit. » M. de Montègre n'a certainement jamais été introduit dans une société de magnétiseurs. Car à moins qu'il n'ait le cœur ceint d'un triple acier ( pour me servir de son expression ), il ne se seroit pas permis d'écrire cette phrase. J'ose assurer qu'il n'est pas un seul des membres de ces sociétés qui ne fût révolté de la simple apparence des pratiques qu'on leur suppose. Les procédés ne ressemblent point du tout à la description qu'en ont faite les commissaires. Un magnétiseur évite même de se placer vis-à-vis lorsqu'il magnétise une personne d'un autre sexe.

Au reste, je suis convenu que le magnétisme pouvoit avoir des inconvéniens ; mais j'ai montré aussi que ces inconvéniens pouvoient toujours être évités. Il me semble que, lorsqu'une foule de gens de mérite attestent que tous les procédés du magnétisme sont décens, il faut avant de le nier avoir pris quelques informations. Le magnétisme ne sauroit être employé contre son but que par des hommes profondément corrompus, et ceux-là ne se livreront point à sa pratique.

Je demande à M. de Montègre si la fréquentation d'un médecin auprès d'une jeune malade ne peut pas aussi avoir quelque danger. Mais on est rassuré par l'opinion qu'on a de celui à qui l'on accorde sa confiance. Cependant le médecin ne peut être suppléé, tandis qu'une femme peut se faire magnétiser par sa parente ou son amie.

S'il est au monde quelque chose de favorable aux bonnes mœurs, c'est assurément le magnétisme ; parce qu'en donnant l'habitude de la bienfaisance, il accoutume à préférer à tout autre plaisir celui de rendre service; parce qu'en occupant l'esprit d'objets intéressans, il écarte des occupations frivoles et des passions dangereuses; parce qu'il entretient les liens de la bienveillance et de l'amitié.

Je n'ai nulle espérance de ramener M. de Montègre à des idées plus justes : il s'est trop avancé pour se rétracter; ce seroit presque un phénomène. Si cependant il désiroit s'éclairer, je lui conseillerois, non point de magnétiser lui-même; son incrédulité est trop prononcée pour qu'il y donnât le temps et l'attention nécessaires; mais d'engager quelques-uns de ses malades à essayer de ce moyen, en se faisant magnétiser par leurs parens ou leurs amis. Il pourroit alors observer froidement les effets qui seroient produits. Un fait ne prouveroit rien, dix prouveroient peu de chose; mais, après une centaine d'expériences, il seroit forcé de convenir qu'il y a une action, que cette action est salutaire, et qu'un médecin doit faire usage du magnétisme dans certaines circonstances, et avec les précautions convenables.

J'ajoute que je suis extrêmement étonné que M. de Montègre ait regardé la question comme absolument décidée, et qu'il ait prononcé d'une manière si tranchante. Il doit savoir comme moi, et bien mieux que moi, que, parmi ses confrères médecins, et même parmi ceux qui jouissent de la plus grande réputation, il en est plusieurs qui ont observé et reconnu la réalité des effets du magnétisme. Je pourrois citer ici des hommes très-considérés ; mais c'est à eux à se nommer, quand ils jugeront que leur témoignage peut être utile.

# SECTION III.

Des ouvrages composés depuis la découverte du Somnambulisme, et que les magnétiseurs doivent principalement consulter.

## CHAPITRE I.

### OUVRAGES DE M. TARDY DE MONTRAVEL.

Savoir : 1° *Essai sur la théorie du Somnambulisme magnétique*, novembre 1785. In-8°, 108 pag. — *Lettres pour servir de suite à cet Essai*, 1787. In-8°, 65 pag. — 2° *Journal du traitement magnétique de mademoiselle N.*, 2 v. in-8°, 255 et 206 p. — 3° *Journal du traitement magnétique de madame B.* 1 v. in-8°, 279 p.

---

M. Tardy de Montravel, capitaine d'artillerie, jouissoit dans son corps de la plus grande considération ; il étoit homme de beaucoup d'esprit, et avoit cultivé les sciences et les lettres. Il fut instruit dans le magnétisme à l'école de Strasbourg, lorsqu'elle fut fondée par M. de Puységur, et il alla à Valence, où pendant quatre ans il s'occupa à mettre en pratique les leçons qu'il avoit reçues. Il fit plusieurs traitemens ; il eut plusieurs somnambules, et fut à portée d'en observer un grand nombre. Les trois ouvrages qu'il a publiés contiennent le détail des faits qu'il avoit vus, et les conséquences qu'il en avoit déduites. Je vais en donner une idée.

Dans l'essai sur les probabilités du somnambulisme magnétique, M. Fournel avoit établi la réalité de ce phénomène ; dans celui sur la théorie, M. Tardy entreprend d'en donner l'explication. Il rapporte les faits qu'il a observés pendant deux ans ; il les compare, il en tire des conséquences, il s'arrête toutes les fois que l'expérience l'abandonne ; et s'il parvient à des résultats qui étonnent, il montre qu'ils découlent d'un même principe, et qu'ils n'ont rien de contraire à l'ordre naturel : c'est, je crois, le meilleur ouvrage de théorie qu'on ait sur le magnétisme ; il est écrit avec autant de sagesse que d'élégance ; et s'il y a quelque chose d'hypothétique, il n'y a rien du moins qui répugne à la raison. Pour adopter les opinions de l'auteur, il ne faut point renoncer aux principes de physique généralement reçus. Ce qu'il nous apprend n'est point en contradiction avec ce qu'on savoit déjà en métaphysique : il ouvre une carrière nouvelle ; mais pour la parcourir il ne faut point quitter la route qu'on avoit suivie, il faut seulement aller plus loin. Qu'on soit disciple d'Aristote et de Locke, ou de Descartes, ou de Leibnitz, ou de Kant, on peut être fidèle à ses anciens maîtres en expliquant par la théorie de M. Tardy une suite de phénomènes qui n'avoient point fixé l'attention de ces philosophes.

Ce n'est pas que je regarde cette théorie comme démontrée ; je crois seulement qu'elle est satisfaisante pour la raison, et qu'elle a l'avantage d'écarter le merveilleux dans lequel bien des gens se sont laissé entraîner.

Voici les opinions fondamentales de M. Tardy ; je les énonce en avertissant que pour les juger il faut en voir les développemens dans son ouvrage :

« Il existe un fluide répandu dans toute la nature, et qui est le principe de la vie et du mouvement. Ce fluide, en traversant les corps, les modifie, et il est à son tour modifié par eux. Lorsqu'il circule d'un corps à l'autre avec le même mouvement, ces deux corps sont en harmonie : c'est ce fluide par lequel nos nerfs reçoivent les sensations.

« Outre les organes extérieurs des sens ,

l'homme a encore un sens intérieur dont l'ensemble du système nerveux est l'organe, et dont le siége principal est le plexus solaire. Ce sixième sens est le principe de ce que nous nommons instinct dans les animaux. Si par une cause quelconque les sens extérieurs sont engourdis, et que l'organe du sens intérieur acquière plus d'irritabilité, il remplit seul les fonctions de tous les autres ; il porte à notre âme les impressions les plus délicates, et ces impressions nous affectent vivement, parce que notre attention n'est plus distraite par d'autres objets : c'est ce qui a lieu dans le somnambulisme. Quant aux prévisions, elles sont uniquement le résultat des combinaisons de l'intelligence, qui raisonne d'après les impressions qu'elle éprouve, comme un horloger juge l'instant où une pendule s'arrêtera, comme un astronome juge des divers mouvemens qui auront lieu dans le ciel. Dans les animaux, l'instinct est purement machinal ; dans l'homme, il est accru de toutes les facultés morales, et c'est pour cela qu'il devient quelquefois l'expression de la conscience.

« La connoissance que le somnambule a des objets éloignés vient de ce que le fluide qui lui en porte l'impression traverse tous les corps comme la lumière traverse le verre. »

On voit que cette théorie s'accorde avec celle

que j'ai adoptée dans mon chapitre sur le somnambulisme. J'ajoute que les faits sur lesquels elle est appuyée sont les mêmes que j'ai vus cent fois et qui ont été vus par tous les magnétiseurs, et que les raisonnemens sont conformes à ceux de plusieurs somnambules.

Cependant, je le répète, gardons-nous de la regarder comme démontrée. Contentons-nous de l'adopter provisoirement, comme une hypothèse vraisemblable et propre à calmer l'inquiétude de notre esprit. Les phénomènes que présente le somnambulisme sont si variés, l'opinion du magnétiseur influe à tel point, non-seulement sur sa manière de voir les faits, mais encore sur le caractère des faits en eux-mêmes, qu'on n'aura rien de certain que lorsqu'un grand nombre de magnétiseurs, qui n'auront eu ensemble aucune relation, auront observé chacun un grand nombre de faits, et qu'un philosophe impartial les aura comparés pour discerner ce qui est constant de ce qui dépend de circonstances accidentelles.

Les notes de l'Essai contiennent la relation de plusieurs observations et de plusieurs expériences faites par M. Tardy ; elles sont pour la plupart tirées du journal du traitement de mademoiselle N., qu'il n'avoit pas encore publié, et dont il donne l'analyse dans son avant-propos.

M. Tardy a publié ensuite plusieurs lettres

qu'il a reçues, et les réponses qu'il y a faites pour réfuter le système des magnétiseurs spiritualistes, qui croient que dans le somnambulisme l'âme, devenue indépendante des organes matériels, agit selon sa nature de pur esprit. Cette correspondance, dans laquelle on remarque la plus grande politesse, est utile en ce qu'elle montre les limites auxquelles il faut s'arrêter pour ne pas s'exposer à adopter des chimères ; elle est également curieuse parce qu'elle donne une idée de la théorie des magnétiseurs spiritualistes et des phénomènes qui se sont passés chez eux.

Le journal du traitement magnétique de mademoiselle N. n'a été imprimé qu'après l'Essai sur le somnambulisme ; il contient le détail des faits sur lesquels l'auteur avoit fondé sa théorie, celui du traitement de madame B. en offre la confirmation.

J'ai vainement essayé d'imaginer des prétextes qui pussent faire révoquer en doute la vérité de ces relations. Comment supposer qu'un homme d'honneur a, pendant deux ans, écrit tous les jours ce qui se passoit sous ses yeux ; qu'il a conservé chaque fois les propres paroles de ses somnambules ; que dans le rapport qui se trouve entre les pressensations et leur accomplissement, il insiste sur les précautions qu'il a prises pour éviter l'erreur ; que dans les deux ouvrages, toutes les circonstances, même les plus imprévues, concourent à établir les mêmes principes, et que tout cela ne soit qu'un tissu de mensonges ? Il est évident que M. Tardy n'a point été trompé ; et, quand on supposeroit qu'il a pu l'être une fois, dix fois, il ne pourroit l'avoir été tous les jours pendant deux ans de suite, surtout dans des choses où rien n'étoit plus facile que d'écarter toutes les causes d'erreur.

La différence d'état et d'éducation entre les deux somnambules dont M. Tardy a donné l'histoire est une circonstance extrêmement heureuse. La première, mademoiselle N, étoit une fille simple qui ne savoit pas lire, ce qui rend bien plus surprenantes les explications qu'elle a données. La seconde, madame B, avoit un rang distingué dans la société, elle étoit mère de quatre enfans, et son mari qui avoit eu recours au magnétisme, parce qu'il avoit épuisé pour elle toutes les ressources de la médecine, a été le témoin de ses crises. Madame B. s'énonçoit bien mieux que mademoiselle N., elle raisonnoit avec plus de sagacité : et cela est fort simple. Les somnambules parlent le langage qu'ils ont appris dans l'état de veille. Ils ont tous les mêmes sensations, mais ils font d'autant moins de combinaisons qu'ils ont moins d'idées acquises. Ce-

pendant les conseils que mademoiselle N. a donnés sur le magnétisme, et le compte qu'elle a
rendu des phénomènes sont exactement conformes à ce qu'a dit depuis madame B., qui ne
connoissoit rien de son histoire.

M. Tardy a obtenu de mademoiselle N. des
renseignemens précieux sur l'action du magnétisme, sur les moyens de diriger cette action,
sur le fluide, sur la manière dont ce fluide est
répandu dans la nature, sur les modifications
qu'il éprouve en traversant les corps : il a fait un
grand nombre d'expériences dont les résultats
sont très-curieux. Il a rendu compte de tous les
phénomènes avec le plus grand détail. Il n'y a
qu'un seul fait qui paroisse sortir de l'ordre naturel : il le rapporte, parce qu'il croit ne devoir
rien dissimuler, même dans ce qui combat ses
principes ; mais il se garde bien d'en tirer aucune conséquence, ni de prétendre qu'il suffise
pour prouver qu'on peut voir dans l'avenir autre
chose que ce qui est la suite nécessaire de ce
qu'on voit dans le présent.

Le journal de madame B. est encore plus instructif que celui de mademoiselle N., parce
qu'il contient une multitude d'avis importans sur
les précautions qu'exige l'emploi du magnétisme,
sur les procédés, sur les inconvéniens du somnambulisme trop prolongé, sur les dangers aux-

quels les magnétiseurs imprudens ou enthousiastes exposent leurs malades, sur le degré de confiance qu'on doit accorder aux somnambules, sur les limites dans lesquelles leur clairvoyance est renfermée, sur les diverses causes d'erreur, etc. Ce journal attache non-seulement par le récit des phénomènes, mais encore par la justesse et l'élévation des idées, et par une sensibilité toujours exempte d'exaltation.

Après ce que je viens de dire de ces deux ouvrages on sent assez que je ne puis en donner l'analyse. La liaison qui se trouve entre les diverses parties disparoîtroit dans un extrait, et il ne seroit pas possible de conserver dans un abrégé le mérite qui naît de l'enchaînement des faits, de la simplicité de la narration et de l'élégance continue du style.

J'invite ceux qui veulent fixer leur opinion sur le magnétisme à les lire en entier. Si après les avoir lus ils ne sont pas persuadés, je n'ai plus rien à leur dire ; il seroit même inutile de leur faire voir des faits semblables à ceux qui y sont racontés.

Il n'y a dans les deux relations de M. Tardy pas une phrase qui annonce l'enthousiasme, pas la moindre humeur contre les ennemis du magnétisme : on reconnoît partout un observateur attentif qui propose ses opinions avec modestie,

un narrateur exact qui ne dissimule aucune circonstance : s'il prouve la puissance du magnétisme, c'est en combattant ceux qui l'ont exa-
gérée. Il porte partout de la circonspection : il
ne fait jamais à ses somnambules une question
qui puisse suggérer la réponse. Sa curiosité même
est bornée : il ne cherche point les choses extraordinaires , il se contente de recueillir et
d'examiner ensuite de sang-froid celles qui se
sont offertes à lui. Le soin de guérir ses malades
est la seule chose à laquelle il s'attache. On ne
peut s'empêcher d'être pénétré d'estime pour
un homme qui pendant plusieurs années a renoncé à tous les plaisirs et s'est dévoué à des
soins pénibles dans la vue de faire du bien. On
n'aperçoit pas chez lui la moindre vanité : il
évitoit de parler dans le monde des merveilles
qu'il opéroit, et ne laissoit voir ses somnambules que lorsque cela pouvoit être utile à d'autres, sans aucun inconvénient pour eux.

Le journal de mademoiselle N. et celui de madame B. offrent tour à tour l'intérêt d'un roman
et celui d'une discussion philosophique. Plusieurs
questions de physiologie y sont traitées avec
beaucoup de clarté. On y aperçoit quelques
erreurs de physique, mais elles n'influent point
sur le fond des choses, elles tiennent presque
toutes à ce que l'auteur ne pouvoit être ins-

truit en 1784 des découvertes nombreuses qu'on a faites depuis sur la lumière , sur la chaleur , sur les propriétés des fluides élastiques , etc.

Les magnétiseurs doivent lire attentivement les ouvrages de M. Tardy , non pour étudier sa théorie , mais pour se pénétrer des leçons qu'il donne sur la prudence , l'exactitude et le dévouement qu'exige la pratique du magnétisme (1).

______________

(1) On trouve dans les mémoires de la société de Strasbourg, tom. III, pag. 443, une lettre de M. Tardy à M. Mouillesaux, dans laquelle les principes du magnétisme , les moyens d'en faire usage, et les dangers de l'enthousiasme , sont exposés avec autant de sagesse que de clarté. C'est l'un des morceaux les plus instructifs de ce recueil. On voit par cette lettre que M. Tardy avoit recueilli depuis trois ans un grand nombre de faits nouveaux , et qu'il se proposoit de donner bientôt un volume contenant la suite du journal de madame B. , et l'histoire du traitement d'une autre somnambule non moins intéressante. Les orages révolutionnaires l'ayant obligé à s'éloigner pour un temps de la France, il ne put exécuter son projet. Il est mort depuis quelques années ; mais j'espère que ses papiers auront été conservés , et j'invite ceux qui en sont possesseurs à honorer sa mémoire en remplissant ses intentions. Je doute qu'il existe sur aucun sujet une suite de recherches, d'observations et d'expériences mieux liées et mieux présentées que les deux journaux de M. Tardy. Ce seroit une grande perte que celle de l'ouvrage qui en offroit le complément.

# CHAPITRE II.

*Journal magnétique du traitement de mademoi-
selle D , et de madame N , par M. C. de Lyon.
2 vol. in-8°, 184 p. et 197 p. 1789.*

———

Ce journal est dans le même genre que ceux
de M. Tardy , mais il est moins intéressant et
moins instructif. L'auteur affirme qu'il a écrit
immédiatement après chaque séance tout ce qui
lui a été dit par ses somnambules , et que , lorsqu'il s'est décidé à publier , il ne s'est pas même
permis de corriger le style , crainte d'altérer
l'exactitude des faits.

Mademoiselle D. étoit une fille de vingt ans;
sa maladie avoit commencé à l'âge de quinze
ans , et s'étoit aggravée depuis quelques mois
de manière à faire craindre les suites les plus
funestes : des douleurs d'estomac , une toux convulsive la faisoient continuellement souffrir. Ses
parens ne croyant point au magnétisme , M. C ,
qui étoit lié avec eux , eut bien de la peine à
leur persuader d'en essayer. Il en eut encore
plus à l'y faire consentir elle-même : cependant
elle céda par complaisance. Dès le premier jour,

le 11 février 1788, elle devint somnambule. A chaque fois il falloit lutter de nouveau pour la décider. Pendant qu'elle étoit en somnambulisme elle gémissoit de son incrédulité, elle indiquoit les moyens de vaincre sa répugnance, elle prévoyoit que cela ne seroit pas toujours possible. En effet M. C. fut forcé d'interrompre avant que la cure ne fût complète. Cependant le cours du sang avoit été rétabli, les douleurs d'estomac et la toux convulsive étoient calmées, et il paroît que la nature seule aura terminé la guérison. Lorsque mademoiselle D. cessa de se faire magnétiser, il ne lui falloit plus que sept jours de traitement : mais il fut impossible d'obtenir d'elle et de sa famille qu'on achevât ce qui avoit été si heureusement commencé.

La manière dont mademoiselle D. rendoit compte des phénomènes physiques du magnétisme, de l'action du fluide, de celle de la volonté, etc., est très-analogue à ce que les somnambules de M. Tardy de Montravel avoient dit sur le même sujet. Il y a cependant quelques expériences physiques dont le résultat a été différent : par exemple, celles sur les modifications que subit le fluide en traversant les corps. Ce qui prouve qu'il faut faire encore d'autres observations avant d'établir une théorie à ce sujet.

Madame N. a été radicalement guérie après

soixante-neuf séances, qui ont duré trois mois, du 9 avril au 5 juillet 1788. Sa principale maladie étoit une humeur qui commençoit à former un dépôt dans la tête, et que le magnétisme lui fit évacuer après de violentes douleurs. Elle étoit d'abord fort incrédule ; mais une douleur au sein, suite d'un coup, ayant été dissipée dès le premier jour par le magnétisme, elle et son mari lui donnèrent une entière confiance. Après la soixante-neuvième crise elle cessa de tomber en somnambulisme, et elle a joui depuis de la plus parfaite santé.

Pendant son somnambulisme elle se plaisoit à s'entretenir sur des sujets de métaphysique, de morale et de religion ; et ses idées sur ces objets étoient totalement différentes de celles qu'elle avoit dans l'état de veille. Son magnétiseur a recueilli ces conversations dont il étoit fort étonné, et qui n'offrent cependant que des raisonnemens assez simples. Tout ce qu'il y a de remarquable c'est la nouvelle direction que prenoient les idées de madame N. lorsqu'elle étoit en somnambulisme. Dans son état habituel elle ne pensoit point à ces objets et elle se contentoit de suivre sa religion avec simplicité, sans examiner si l'on n'avoit pas ajouté quelques erreurs aux dogmes fondamentaux. M. C. auroit pu l'occuper de choses plus utiles : car sur ces questions les somnambules n'en savent pas plus que nous.

Madame N, explique l'accident arrivé à une jeune personne , qui étant magnétisée par son oncle, tomba tout à coup dans l'état de somnambulisme. On la força d'interrompre , et elle devint folle. Selon madame N. la cessation du magnétisme qui avoit mis toutes les humeurs en mouvement en est la seule cause. On ne sauroit trop recueillir d'exemples du danger auquel on s'expose lorsqu'on interrompt une crise commencée,

Madame N. confirme ce qu'ont dit plusieurs somnambules , que le magnétisme , en renforcant l'action de la nature qui lutte contre la maladie , donne souvent des crises douloureuses. Il ne faut pas s'en effrayer, dit-elle. Ces souffrances sont nécessaires pour la guérison.

# CHAPITRE III.

*Extrait du journal d'une cure magnétique, traduit de l'allemand.* Rastadt, 1787. In-8°, 136 p.

———

Dans l'avant-propos de cet ouvrage l'éditeur nous apprend qu'il lui a été dicté en allemand par une somnambule, et qu'en le traduisant il s'est attaché à le rendre mot pour mot, sans changer une seule expression. Des gens dignes de foi, qui ont été à même de vérifier le fait, m'en ont confirmé l'exactitude. La somnambule étoit une fille de 23 ans, extrêmement honnête, mais n'ayant eu d'autre instruction que celle qui étoit nécessaire à une jeune personne destinée à gagner sa vie par le travail de ses mains. L'écrit qu'elle a dicté est divisé en quatre parties.

La première traite de la nature de l'homme, de son organisation physique, de ses facultés intellectuelles, de son état actuel, de ses devoirs et de sa destinée future.

La seconde est un traité du magnétisme, dans lequel on explique sa nature, les moyens de le mettre en action, le but qu'on doit se proposer en l'employant, et les effets qu'on peut en obtenir.

La troisième est une description du sommeil magnétique, considéré dans ses divers degrés, et dans les variétés qu'il présente.

La dernière est une explication ou plutôt une exposition du mystère de la trinité.

La première et la quatrième partie offrent des traits d'une métaphysique ingénieuse et d'une théologie élevée, mêlés à des idées bizarres et à des extravagances. La seconde est systématique, mais elle renferme des conseils utiles et de belles observations. La troisième est un morceau que les magnétiseurs ne sauroient trop lire, et qui, si l'on en retranche les explications, est rempli de sagesse et de vérité. J'y reviendrai dans un moment.

J'ai dit que lorsque les somnambules cessent de parler de ce qu'ils voient, de ce qu'ils sentent, pour parler de ce qu'ils imaginent, ils s'égarent d'autant plus que leur imagination est plus exaltée. C'est ce qu'il ne faut pas oublier en lisant cet écrit, dont la composition offre d'ailleurs aux physiologistes un problème intéressant à résoudre. Comment se fait-il qu'une jeune fille sans instruction dicte un écrit sur les plus hautes questions de la physique, de la théologie et de la morale ; que dans cet écrit les idées soient bien liées ; qu'il y ait , sinon des connoissances réelles, du moins des opinions ingénieuses sur la physiologie ; qu'il s'y trouve plusieurs comparaisons empruntées de la physique et des arts ; que cela forme un tout qui annonce dans l'auteur un esprit accoutumé à généraliser les idées ; et à se frayer une route au milieu d'un labyrinthe de questions obscures ? Cela me semble prouver la prodigieuse influence que peut avoir une certaine disposition nerveuse sur les facultés intellectuelles , sur la lucidité des idées , et sur la facilité de les exprimer (1).

D'un autre côté , si l'on me demande ce que je pense des opinions exposées dans cet ouvrage pour tout ce qui ne tient pas essentiellement au magnétisme , je répondrai qu'elles ne méritent pas la moindre attention. L'état de crise dans lequel étoit la jeune personne qui a composé ce traité est fort singulier sans doute , mais il n'a pu lui donner la faculté de découvrir des vérités d'un ordre surnaturel. D'autres somnambules ont disserté sur les mêmes sujets avec une élocution

---

(1) Quelques personnes, étonnées qu'une simple ouvrière ait dicté un écrit si extraordinaire, supposeront peut-être qu'il est l'ouvrage de son magnétiseur. Si on le lit en entier, on ne pourra s'arrêter à cette supposition. Il est certain qu'un homme sensé, d'après les idées acquises, n'auroit jamais imaginé ce qui se trouve dans le premier chapitre.

plus ou moins brillante, et tous n'ont pas eu les mêmes idées : quelle raison aurions-nous de croire les uns plus que les autres? Dans ces matières je ne dois prendre pour guide que mes propres réflexions et celles qui me seront suggérées par des philosophes qui ont long-temps médité.

Quant aux opinions sur le magnétisme, et particulièrement sur le sommeil magnétique, c'est autre chose. La somnambule décrivoit un état qu'elle connoissoit parfaitement; elle voyoit, elle sentoit les effets du magnétisme; elle se rendoit compte de toutes les sensations qu'il lui avoit fait éprouver ; elle comparoit son état de somnambulisme à son état de veille ; elle n'imaginoit ni ne conjecturoit, elle observoit; et comme rien ne détournoit son attention, elle rendoit compte de tout avec justesse et clarté.

Les principes exposés ici sont les mêmes que j'ai adoptés lorsque j'ai parlé du somnambulisme, et c'est à ce traité que j'ai fait allusion lorsque j'ai rapporté qu'en 1786 un somnambule m'avoit dit absolument les mêmes choses que j'avois lues depuis dans un ouvrage imprimé en 1787.

Comme cet ouvrage n'est pas fort répandu, je crois utile de donner un extrait de ce qu'il offre de plus remarquable relativement au magnétisme et au somnambulisme. Pour conserver l'enchaînement des idées, il faudroit transcrire presque en entier la seconde et la troisième partie ; mais voulant me borner à ce qui est essentiel, je supprimerai tout ce qui est systématique. Il suffit de savoir que la théorie porte sur deux hypothèses ; 1° qu'un fluide répandu dans toute la nature lie entre eux tous les êtres, et établit l'harmonie dans l'univers ; 2° que l'homme est composé de trois parties, l'esprit, l'âme et le corps.

Venons maintenant aux principes que notre somnambule établit, d'après la connoissance de l'état dans lequel elle se trouve.

« 1° *Du Magnétisme*. L'homme porte en lui-même autant de fluide qu'il lui en faut pour exister ; mais il n'en a pas toujours assez pour le communiquer aux autres. Ce fluide est élémentaire, léger, subtil, blanchâtre : lorsqu'il émane de notre corps, et qu'il est mû avec vivacité, il devient brillant. Les malades, pendant qu'on les magnétise, l'attirent selon leurs différens besoins.

« Ce fluide est répandu dans toute la nature ; mais il n'y a que l'homme qui sache l'employer : c'est par une vertu que sa volonté met en action, et qu'au défaut d'un terme plus convenable on peut nommer vertu magnétique.

« Il faut que le magnétiseur se recueille, qu'il soit sans distraction, uniquement occupé de lui et de la personne qu'il veut magnétiser, afin d'employer un des moyens de la nature pour agir sur elle-même. Il faut que son cœur s'élève au plus haut degré de l'amour du prochain, non parce qu'il nous a été ordonné de l'aimer, mais parce que tous les hommes étant liés par des rapports indissolubles, et le genre humain formant un corps, cet amour résulte de la nature de l'homme.

« Le magnétiseur donne, par le mouvement de ses mains, plus d'essor au fluide qui émane de lui ; il agit ainsi sur le fluide de celui qu'il magnétise, et lui communique une rapidité qui dans l'état naturel ne lui est pas propre.

« Le magnétiseur ne doit avoir d'autre but que de faire le bien et de soulager le souffrant. Que l'un et l'autre soient tranquilles et soumis à la Providence. Que le malade se recueille, que sa volonté reste sans action, qu'il songe à la vertu dont il attend du secours.

« Pour donner le premier rapport, il faut que le magnétiseur se place vis-à-vis de la personne magnétisée, qu'il tienne les mains sur les épaules, qu'il les glisse le long des bras, qu'il tienne les pouces : cette manipulation doit se répéter pendant une demi-heure au moins, pour que le fluide

circule de l'un à l'autre, et se mette en harmonie.

« Dans les maladies graves et invétérées, il
faut seconder le magnétisme par des remèdes.
Le magnétiseur doit avoir soin de la conservation de ses forces physiques, et maintenir son
âme dans une assiette tranquille. Le magnétisme
convient à presque tous les hommes ; mais ses
effets sont plus salutaires et plus prompts dans
les uns que dans les autres.

« On peut agir sur des personnes éloignées ;
mais cet effet n'est possible qu'autant qu'il y a
eu préalablement un rapport fortement établi
par une action immédiate.

« Souvent, pendant la cure magnétique, se manifestent des maux qui, sans le magnétisme, se
seroient développés plus tard, et auxquels il
peut remédier. Si le magnétiseur connoît le genre
de maladie, il dirigera le magnétisme sur la
partie affectée ; s'il ne le connoît pas d'abord, le
magnétisé le lui indiquera bientôt, parce qu'il
ne manquera pas d'éprouver quelques sensations à l'endroit où siége le mal.

« Il est impossible de donner des règles fixes
sur la manière dont on doit magnétiser : elle
dépend des circonstances et du genre de maladie ; mais il importe de distribuer le fluide dans

tout le corps, pour y occasioner une circulation prompte et égale.

« La personne qu'on magnétise n'éprouvera des effets sensibles que lorsque ses nerfs seront suffisamment irrités ; les uns s'en trouvent bien, les autres mal. Ces derniers s'en ressentent ordinairement à la tête et à l'estomac. Les personnes dont tout le corps est souffrant ont plus tard des sensations, et elles ne sont pas désagréables.

« Les personnes robustes sont moins susceptibles de magnétisme. Toutefois les hommes foibles et délicats sont plus difficiles à magnétiser, parce que le fluide ne peut guère agir sur des nerfs trop tendus qui semblent le repousser.

« Le magnétisme a été connu de tout temps ; mais on en a fait souvent un mauvais usage, on l'a employé pour servir de spectacle ou pour faire valoir des superstitions.

« 2° *De la crise ou sommeil magnétique.* Chez les personnes qui tombent en crise il s'opère dans la région du plexus solaire une espèce de solution et de dégagement, d'où résulte un rapport différent entre les opérations respectives et réciproques de l'esprit de l'âme et du corps.

« Beaucoup de magnétiseurs font des efforts pour établir la crise. Au lieu de s'occuper de la maladie, ils ne songent qu'au somnambulisme.

Ils réussissent quelquefois à étourdir ou à endormir leurs malades, mais non à les mettre en crise. Pour y parvenir, il faut que la vertu magnétique, la nature et la volonté s'accordent et concourent au même but.

« Le magnétiseur ne sauroit jamais commander à la nature, sur laquelle il doit opérer, et qui ne fait que le travail qui lui convient. Si, par des raisons qui tiennent au tempérament de la personne magnétisée, elle n'est pas disposée à entrer en crise, tous les efforts du magnétiseur pour obtenir cet état seront inutiles.

« Mille circonstances peuvent s'opposer à la crise. Chez les personnes robustes, elle est rarement complète. Chez les personnes sensibles, les peines de l'âme, les souffrances du corps, les maladies de nerfs et d'autres infirmités peuvent également l'empêcher et rendre inutiles tous les efforts du magnétiseur.

« Pendant la crise, les yeux du malade sont fermés, le fluide, en s'attachant aux nerfs des paupières, colle les yeux : toutefois ils sont fermés différemment que dans le sommeil ordinaire. Cette espèce de désorganisation n'empêche pas qu'on ne puisse se représenter les objets, ce qui se fait par le moyen du sens dont notre âme est douée, et à proportion de l'usage qu'en l'état de veille on a fait de ses sens corporels, et de l'expérience qu'on a acquise par leur secours.

« Le somnambule n'existe que pour lui, pour ceux qui sont en rapport avec lui, et pour les objets sur lesquels il fixe son attention. C'est pourquoi, lorsque la crise est bien complète, il n'entend pas le bruit qui se fait autour de lui.

« L'état de crise est un état heureux. L'esprit est plus indépendant, les idées se succèdent avec plus de facilité : on voit plus clairement et l'on embrasse davantage. L'âme est plus éclairée, le sens dont elle est douée est frappé plus vivement ; on est plus homme pour soi et pour les autres ; on sent l'harmonie de la nature et l'enchaînement de tout ce qui existe.

« Une personne en crise peut devenir son médecin et opérer sa guérison ; mais ce n'est qu'autant que son rétablissement est conforme aux décrets de la Providence. Elle peut aussi connoître les maladies des autres ; mais on auroit tort de croire qu'elle puisse guérir tous les malades qui la consulteroient.

« Le magnétiseur ne doit pas se presser de faire parler la personne qu'il a mise en crise ; il faut qu'il patiente jusqu'à ce qu'elle parle de son propre mouvement. Pendant qu'elle se repose, sa vertu magnétique se fortifie, ses idées se développent, et elle fait des progrès.

« Lors même que la crise est complète, le magnétiseur ne doit questionner le somnambule qu'autant qu'il y est encouragé par lui.

« Il ne doit jamais se presser. Il y a des magnétiseurs qui ne songent qu'à faire parler leur somnambule, et qui, à force de vouloir, parviennent à l'y engager : ceux-là ne peuvent se flatter qu'il devienne clairvoyant ; au lieu de l'avancer, ils le reculent.

« On ne doit faire aux personnes en crise que des questions relatives à leur santé, ou à la santé des autres, ou au bien de l'humanité. Il est aussi inutile que téméraire de les interroger sur l'avenir ou sur le sort des autres.

« Sans doute l'homme en crise juge mieux de l'avenir par le passé ; il aperçoit l'enchaînement naturel des événemens, mais il ignorera toujours si leur cours ne sera pas changé par les décrets de la Providence.

« La crise est toujours analogue à la disposition de l'esprit et de l'âme de celui qui l'éprouve : il y porte son caractère, sa façon de penser et ses connoissances. L'esprit est doué de certaines facultés, de certaines idées primitives, ou, pour mieux dire, d'un germe qui les contient ; mais ce germe a besoin d'être cultivé par l'éducation et par l'instruction. Les connoissances qu'on acquiert en crise sont toujours relatives au degré de lumière dont on jouissoit dans l'état de veille. Celui qui ne s'est point occupé de choses spirituelles et qu'on questionnera en crise sur cet objet n'en parlera que vaguement. Celui qui en état de veille n'a aucune idée de la religion chrétienne n'en aura pas non plus en crise : son esprit n'ayant jamais réfléchi sur cette doctrine, elle lui sera tout-à-fait étrangère.

« Les connoissances physiques qu'on avoit dans l'état de veille se développent mieux en crise. Les idées qu'on s'en fait sont plus distinctes et on peut les communiquer. D'ailleurs tout homme se trouve en rapport avec le monde physique.

« Des personnes simples et bornées peuvent, lorsqu'elles sont en crise, raisonner bien mieux qu'elles ne faisoient auparavant, parce que dans cet état leurs nerfs sont plus sensibles et plus irritables ; pendant la veille leur âme étoit maîtrisée par les besoins physiques, ce qui ne peut avoir lieu en crise. C'est de la délicatesse des nerfs que dépend, du moins en partie, la facilité de concevoir.

« On ne doit point communiquer à une personne qui a été en crise ce qu'elle a dit dans cet état, à moins qu'elle ne l'ait exigé.

« Il est avantageux aux enfans de tomber en crise ; il leur est plus aisé qu'il ne l'est aux adultes d'y jouir paisiblement de la vertu magnétique ; tout ce qu'ils diront, sans y être provoqués, de l'état de leur santé, etc., ne trouble point leur repos : mais il faut se garder de les questionner et de leur fournir l'occasion de réfléchir et de faire des recherches. Dans ce cas, quelque peu d'idées qu'ils aient, elles se développent; leur âme parvient à juger avec plus de justesse et de précision, mais au détriment de leurs nerfs. Ceux-ci sont, à cause de leur délicatesse, trop susceptibles d'impression , et portés à rendre des services précoces et peu proportionnés à leurs facultés : ils en seront trop affectés et affoiblis; et il est à présumer qu'ils n'atteindront jamais le degré de vigueur auquel ils peuvent prétendre en suivant l'ordre établi dans la nature. Il est physiquement impossible que des enfans dont, pendant la crise , on aura fatigué les nerfs à force de questions, puissent parvenir à un âge bien avancé.

« Lorsque la crise est bonne, il semble que les parties les plus nobles de l'âme se concentrent vers le plexus solaire. C'est là que l'âme est éclairée ; elle y a un sentiment vif de tous les objets que dans l'état de veille nous ne saurions voir que par le secours des yeux (1). Chez tel somnambule c'est l'intelligence, chez tel autre c'est la raison qui se manifeste le plus. Il y en a qui dans leur crise ont toute sorte d'adresse, qui, les yeux fermés, peuvent lire, écrire, etc. Cette faculté de voir en crise n'est autre chose qu'un sentiment très-délicat de l'âme qui se communique aux nerfs : toutefois elle ne peut avoir lieu que chez ceux qui dans l'état de veille ont la facilité de lire, d'écrire, etc., et qui ont quelque connoissance préliminaire des objets qu'on leur montre pendant la crise. Sans quoi il faudroit croire qu'un aveugle-né peut avoir des idées distinctes des objets visibles ; ce qui répugne à la raison. On n'a proprement de science que celle qu'on acquiert à force d'étude, de recherches et d'expériences.

«La personne en crise peut être très-clairvoyante sur un objet et se tromper sur un autre. On ne doit accorder de confiance aux somnambules que lorsque à plusieurs reprises ils ont in-

_______________

(1) Les cataleptiques de M. Petetin, mademoiselle le F. de Mer, une somnambule dont j'ai suivi le traitement, les deux dont M. Tardy a publié le journal, et un grand nombre d'autres, offrent des exemples de cette translation des sens au plexus solaire. Celle qui a dicté cet écrit étoit sans doute dans le même cas ; mais ce phénomène n'accompagne pas toujours le somnambulisme même le plus parfait.

sisté sur leurs sentimens. En général il importe de soumettre tout à l'examen le plus rigoureux. Un somnambule se trompe ou paroît se tromper lorsqu'on le force à répondre contre son gré, lorsqu'il n'a pas la faculté de se communiquer, ou lorsque les assistans, ne le comprenant qu'à moitié ou point du tout, se croient pourtant autorisés à interpréter son sentiment.

« Il faut à force d'expériences sonder les dispositions de son somnambule, mettre à profit son génie, et le ramener autant que possible sur les matières dont il a parlé de son propre mouvement. Toutefois il faut être en garde contre nous-mêmes, surveiller notre imagination, nous recueillir, et de la sorte puiser de l'instruction dans la nature.

« La présence de personnes de sentimens opposés empêche le somnambule de devenir clairvoyant, ou du moins de se communiquer. On fera bien d'éloigner les curieux, les railleurs et tous ceux dont la présence pourroit le gêner, afin d'éviter les suites fâcheuses.

« Il y a des personnes qui prétendent que les crises sont contraires aux bonnes mœurs et à la bienséance. Cela ne peut jamais être fondé qu'à l'égard de ceux qui en état de veille ont le caractère moralement mauvais, et dans le cas où les somnambules, d'accord avec leurs magnétiseurs, ne respirent que la dépravation. C'est en crise surtout que l'homme a des idées nettes sur le bon emploi de ses moyens et sur l'abus qu'on en peut faire. Si un magnétiseur s'oublioit au point de commettre quelque indécence, la personne qui est en crise en sortiroit subitement et s'éveilleroit aussitôt.

« Il n'y a rien de surnaturel dans le somnambulisme. On a tort de l'envisager comme un phénomène étranger à la nature humaine. La nature renferme d'autres secrets encore plus incompréhensibles.

« Le magnétisme tient au physique et au spirituel à la fois. Une crise spirituelle ne se conçoit pas. L'esprit ne peut être mis en crise et n'en a pas besoin.

« Parmi les magnétiseurs spirituels il y en a qui supposent que leurs somnambules parlent par l'inspiration des esprits. C'est une erreur dans laquelle les somnambules même les ont entraînés (1). Ceux-ci prenoient pour des révélations ce que leur propre esprit étoit parvenu à découvrir, à apercevoir et à sentir. Les connoissances qu'ils avoient acquises pendant la crise et qu'ils avoient

_______________

(1) Les opinions de la société exégétique de Stockholm, dont je parlerai plus bas, sont ici combattues par le témoignage d'une somnambule très-occupée d'idées religieuses.

pu communiquer leur paroissoient autant d'inspirations. Les notions imparfaites qu'ils avoient de leur propre esprit, les préjugés de l'éducation, le défaut d'expériences suffisantes en crise, et leur peu d'aptitude à maîtriser leur imagination les engagea sans doute à se le persuader à eux-mêmes et à l'assurer à leurs magnétiseurs.

« Ceux-ci, séduits par ce que l'état de crise présente de merveilleux, et ne pouvant s'en rendre compte d'une manière plus simple, ajoutèrent foi aux insinuations de leurs somnambules. Tout ce qu'on aperçoit en crise, tout ce qu'on y sent n'est aucunement dû aux communications des autres esprits. Notre esprit n'en a pas besoin ; pendant la crise il fait des observations, et il augmente ses lumières et ses connoissances (1). »

------

(1) La singulière conformité des principes exposés ici avec ceux que j'ai moi-même adoptés pourroit faire croire que j'ai puisé dans cet écrit plusieurs de mes idées. Je puis assurer le contraire. Ce que j'ai dit dans ma première partie est le résultat de mes propres observations, et des instructions qui m'ont été données par des somnambules.

# CHAPITRE IV.

*Annales de la Société harmonique des amis réunis de Strasbourg : ou Cures que des membres de cette Société ont opérées par le Magnétisme animal.* A Strasbourg. 5 vol. in-8°. 1786, 1787, 1789.

———

LA société harmonique de Strasbourg, fondée au mois d'août 1785 par M. le marquis de Puységur, fut d'abord peu nombreuse, mais les succès qu'elle obtint et les principes qui la dirigeoient la rendirent si célèbre, qu'elle s'accrut d'année en année jusqu'en 1789. A cette époque elle étoit composée d'environ deux cents membres, les uns résidans à Strasbourg, les autres dans plusieurs villes de l'Alsace, du Dauphiné et de la Suisse. On comptoit parmi eux des médecins, des chirurgiens, des hommes livrés à l'étude des sciences, et tous étoient distingués par l'éducation qu'ils avoient reçue et par l'état qu'ils avoient dans le monde. La société s'étoit de plus attaché des médecins connus, qui, sans coopérer à ses travaux, se chargeoient de constater l'état des malades qui se présentoient au traitement public.

D'après les réglemens que tous les membres s'étoient engagés à suivre, ceux qui faisoient des traitemens particuliers étoient obligés de remettre à la société une relation signée d'eux des cures qu'ils avoient opérées. Cette relation étoit ordinairement attestée par ceux qui avoient éprouvé les effets du magnétisme, par leurs parens et par plusieurs témoins éclairés.

Dans les cas de somnambubisme les magnétiseurs devoient tenir un journal exact des phénomènes qu'ils avoient observés, et de ce qui leur avoit été dit par leurs somnambules, en s'attachant à conserver leurs expressions.

A la fin de chaque année, le comité de la société faisoit un choix parmi les mémoires qui lui avoient été remis, et il publioit, soit par extrait, soit en entier, ceux qui présentoient le plus d'intérêt. Trois volumes avoient paru, et le quatrième alloit être imprimé, lorsque la société fut dissoute par la révolution à la fin de 1789.

La plupart des faits appartiennent à la classe de ceux sur lesquels l'illusion est impossible, et le nom des personnes qui ont signé les rapports suffit pour écarter tout soupçon de mauvaise foi.

Cependant je ne voudrois pas mettre ces mémoires entre les mains de ceux qui n'ont aucune notion du magnétisme. Ils contiennent trop de choses extraordinaires : à force d'exciter l'étonnement, ils peuvent éloigner la confiance. Si l'on s'est dit une fois, cela est incroyable, on ne se donnera plus la peine de calculer le nombre et la valeur des témoignages ; on n'examinera plus si l'accord de cinq cents témoins, pour attester des faits qui pendant cinq ans se sont renouvelés sous leurs yeux, soit à la ville, soit à la campagne, n'est pas une preuve incontestable, et si cet accord pour soutenir une fausseté ne seroit pas plus étonnant, plus incompréhensible que tous les phénomènes qu'ils racontent. Il est des choses dont on n'est réellement convaincu que lorsqu'on les a vues soi-même. Et peut-être, pour faire adopter aux hommes des vérités d'un nouvel ordre, faut-il les leur présenter graduellement, en leur montrant d'abord celles qui s'écartent le moins de l'ordre commun, et leur faisant sentir la liaison entre les choses dont ils reconnoissent la certitude, et celles qu'on leur propose d'examiner.

Mais si cet ouvrage est trop merveilleux pour ramener les incrédules, et pour donner le premier degré d'instruction à ceux qui, n'ayant point encore d'opinion, désirent pourtant s'éclairer : c'est l'un des plus importans que puissent lire les magnétiseurs.

1º Il offre l'histoire d'un grand nombre de cures, et il nous indique ainsi quelles sont les maladies dans lesquelles le magnétisme paroît avoir le plus d'efficacité, et comment il doit être employé.

2º Il contient des instructions complètes sur la direction des somnambules, sur les précautions à prendre pour le succès, et sur le dévouement qu'exige la pratique du magnétisme.

3º Et ce mérite est le plus grand de tous. On ne trouve nulle part autant de détails sur les dangers et les abus du magnétisme, lorsqu'il n'est pas appliqué de la manière convenable, ou lorsque le magnétiseur ne remplit pas exactement les conditions que lui impose le ministère, dont il a consenti à se charger.

La théorie diffère peu de celle qui a été exposée par M. Tardy de Montravel dans l'Essai sur le somnambulisme, et par une somnambule, dans l'écrit dont je viens de donner l'extrait. Il y a cependant à cet égard de la diversité dans les opinions, et cela est naturel. La société prescrivoit à ses membres des devoirs à remplir, des règles à suivre ; mais elle ne leur proposoit aucun dogme. On n'initioit que des personnes déjà convaincues de la réalité du magnétisme, et chacun pouvoit penser ce qu'il vouloit sur les causes.

Pourvu qu'on fît le bien, il n'importoit nullement qu'on adoptât tel ou tel système.

Je dois remarquer à ce sujet combien l'établissement des sociétés de l'Harmonie étoit utile, combien celle de Strasbourg, la plus nombreuse et la plus célèbre de toutes, a rendu de services, et combien il est malheureux qu'elle ait été dissoute.

On peut dans un quart d'heure donner à quelqu'un les principes du magnétisme et lui en enseigner les procédés ; et cette instruction suffit à une mère qui veut magnétiser sa fille, ou plus généralement à un ami qui, tout occupé des maux de son ami, désire ardemment de le soulager. Toute la doctrine découle des trois mots de M. de Puységur ; les procédés sont indiqués par les circonstances, et, dans les cas douteux, le magnétisme à grands courans est toujours salutaire. Mais lorsqu'on veut pratiquer le magnétisme d'une manière plus étendue, lorsqu'on veut traiter plusieurs malades, lorsqu'on a des somnambules, et surtout lorsqu'un sentiment de curiosité se mêle au désir de faire du bien, on a besoin de plus d'instruction. Il faut au magnétiseur tant de qualités, que les dispositions naturelles les plus heureuses ont besoin d'être cultivées et développées. Il ne suffit pas d'avoir de la charité, qui est la qualité la plus essentielle, de la confiance, sans laquelle on n'obtiendroit que des effets bien foibles, il faut encore une extrême prudence, une patience à toute épreuve, une entière abnégation de l'intérêt personnel ; il faut se garantir à la fois de l'enthousiasme et du découragement. On a souvent besoin d'être soutenu par les lumières des autres ; on a même besoin de parler des effets qu'on a obtenus, et l'on ne peut en parler qu'à ceux qui en ont vu de semblables, sans s'exposer à de grands inconvéniens : tout cela est extrêmement difficile, et rien ne peut suppléer à l'expérience.

Dans les sociétés établies pour la pratique et la propagation du magnétisme on n'admettoit que des personnes dont on connoissoit les mœurs et le caractère, et qui étoient animées, non par une vaine curiosité, mais par le désir de faire le bien.

On exigeoit, avant de les initier, qu'elles suivissent pendant un mois le traitement public, pour qu'elles pussent se convaincre par leurs propres yeux des effets du magnétisme.

En les initiant, on ne leur apprenoit aucun secret, puisqu'il n'y avoit point de secret, mais on les instruisoit dans les principes dont l'expérience avoit montré la vérité. On vouloit qu'au traitement public elles donnassent d'abord leurs soins à quelques malades, sous la direction de magnétiseurs exercés. Lorsqu'elles faisoient ensuite des traitemens particuliers, on exigeoit qu'elles rendissent compte à la société des résultats qu'elles avoient obtenus ; on leur donnoit des conseils dans les cas difficiles ; on les aidoit si elles en avoient besoin, et l'on recueilloit les faits communiqués à la société pour les comparer et en former un corps de doctrine. Il résultoit de ces communications réciproques que chaque magnétiseur profitoit des lumières des autres, que sa foi et sa confiance étoient continuellement entretenues, et que tous concouroient au bien que faisoit chacun d'eux. Nul ne cherchoit à faire des expériences brillantes pour étonner ou pour convaincre des incrédules ; on savoit qu'avec le temps la vérité seroit connue, et l'on se contentoit de l'approbation de ses confrères, et de la satisfaction d'avoir guéri ou soulagé des malades.

Si ces sociétés eussent continué, elles n'eussent point empêché que chacun ne pût magnétiser sans en être membre ; mais les malades se seroient adressés de préférence aux initiés qui leur auroient naturellement inspiré plus de confiance ; ils l'auroient fait d'autant plus volontiers que le traitement magnétique étoit gratuit, et que la société faisoit à tous ses membres une loi, sans exception, de ne jamais recevoir aucune espèce de salaire.

L'initiation donnée par une société est dans ses résultats toute différente de celle que peut donner un particulier. La société tient d'abord les initiés dans une dépendance dont ils ne sont point humiliés. Elle leur prescrit des conditions dont ils ne sentent pas la nécessité, mais qu'ils remplissent pour être fidèles à leurs engagemens ; elle les guide ainsi jusqu'à ce qu'ils soient éclairés par l'expérience. Lorsqu'un individu qui désire pratiquer le magnétisme s'adresse à un magnétiseur, celui-ci lui donne les principes aussi bien que le feroit une société, mais il ne peut de même le diriger dans les premiers temps. On n'ose pas dire à celui qu'on a instruit des principes et des procédés : « Regardez-vous pendant un certain temps comme mon disciple, rendez-moi compte de ce que vous ferez, et n'agissez que d'après mes conseils jusqu'au moment où je vous dirai que vous pouvez vous en passer. » On craindroit de se donner un air d'importance ; on craindroit même que ce langage ne parût ridicule. Cette précaution seroit cependant utile, et mon expérience me l'a prouvé.

Lorsque j'ai commencé à pratiquer le magnétisme, j'avois eu des leçons d'un élève de

M. Mesmer ; j'avois lu ce qu'on avoit alors écrit sur ce sujet, et cependant j'entendois mal la doctrine ; je ne distinguois pas ce qui est essentiel de ce qui est accessoire, et, pendant plusieurs années, j'ai commis des imprudences ; ces imprudences n'ont pas eu de suites fâcheuses pour les malades, mais je n'ai pas fait autant de bien que je l'aurois pu ; j'ai éprouvé beaucoup de contrariétés et de désagrémens, auxquels je n'aurois pas été exposé si j'eusse été instruit à l'école de Strasbourg. Parmi les élèves que j'ai formés, il en est qui ont réussi bien mieux que je ne l'avois fait, et m'ont ensuite donné beaucoup de lumières (1) ; mais ce n'est pas le plus grand nombre. Plusieurs n'ont eu presque aucun succès, parce que leur foi et leur confiance n'ont point

---

(1) Il y a deux ans que je rencontrai dans la société une jeune femme extrêmement aimable qui se disposoit à quitter Paris pour se fixer à la campagne. J'appris qu'elle passoit ses matinées chez des sœurs de charité, où elle s'exerçoit à panser et soigner des malades, afin de pouvoir se rendre utile aux pauvres dans le lieu qu'elle alloit habiter. Enchanté de ses dispositions, je l'invitai à joindre le magnétisme aux soins et aux secours qu'elle se proposoit d'employer. Elle n'y croyoit pas ; elle étoit d'un caractère calme et fort éloigné de l'enthousiasme. Cependant elle voulut être instruite et me promit d'essayer. Depuis son départ, sa correspondance m'a informé qu'elle s'étoit bientôt convaincue, et qu'elle avoit fait des guérisons surprenantes. Voilà ce que produit la volonté de faire du bien, dégagée de tout autre sentiment.

été soutenues ; d'autres ayant vu d'abord des phénomènes surprenans, se sont laissé emporter par l'enthousiasme, et ils auront eu besoin, comme moi, d'une longue expérience pour apprendre à marcher dans la bonne route.

Après la dissolution de la société de Strasbourg, la pratique du magnétisme n'étant plus dirigée par des hommes sages, l'excessive confiance au pouvoir d'un agent dont on avoit vu des effets merveilleux, a produit des abus extrèmement funestes, et dont la conséquence nécessaire a été de discréditer entièrement le magnétisme dans l'esprit des hommes de bon sens qui n'en avoient aucune notion. On m'a assuré que, d'après l'opinion établie que des somnambules pouvoient être de bons médecins, plusieurs personnes avoient joué ce rôle, soit qu'elles fussent réellement somnambules, soit qu'elles en fissent semblant ; que des magnétiseurs imprudens se prêtoient à faire donner des consultations par des crisiaques très-imparfaites, et dont ils étoient les dupes ; qu'il s'étoit même trouvé des femmes qui s'attribuoient la faculté de se mettre en crise à volonté, et de donner en cet état des consultations sans avoir besoin de leur magnétiseur. On ose à peine défendre la cause du magnétisme auprès des personnes qui ont été témoins de pareils abus. Puissent-ils ne se renouveler jamais!

Je reviens aux mémoires de la société harmonique de Strasbourg ; et malgré mon respect pour les membres de cette société, je me permettrai de désapprouver qu'on les ait publiés en entier. Je pense que l'ouvrage seroit plus utile si l'on eût retranché beaucoup de choses merveilleuses, vraies dans le fond, mais dont les détails n'ont pas été observés avec assez de scrupule et de sang-froid, si l'on eût supprimé les explications que des physiologistes ne sauroient adopter, si l'on se fût abstenu de rapporter quelques conversations de somnambules, qui prouvent l'exaltation de leur imagination et non leur clairvoyance : tout cela auroit dû être soumis à une critique sévère, et rester manuscrit dans les archives de la société. Elle n'auroit pas dû permettre que des idées hypothétiques parussent dans son recueil. Elle auroit également dû retrancher ce qui tend à éloigner de la médecine ordinaire, sans laquelle le magnétisme seroit souvent insuffisant, et pourroit même être appliqué mal à propos. Les consultations des médecins sont certainement préférables à celles des somnambules que des enthousiastes ont voulu leur substituer.

Je sais que les somnambules se trompent rarement sur leur propre état ; je conviens même qu'il s'en est trouvé de fort éclairés sur l'état des malades avec lesquels on les a mis en rapport :

mais cette clairvoyance est rare, et nous n'avons point de caractère certain pour la reconnoître : quand elle existe elle peut varier ; elle peut être troublée par les préjugés de l'état de veille, par une influence étrangère, et par mille autres causes ; d'où il suit qu'on ne peut s'en rapporter aux avis d'un somnambule qu'après les avoir soumis à l'examen d'un médecin éclairé.

Je ne saurois élever le moindre doute sur l'exactitude des faits recueillis dans les mémoires de la société de Strasbourg ; mais je suis persuadé que si l'on eût tenu compte de toutes les erreurs que les somnambules ont commises en parlant des maux des autres, de toutes les folies qu'ils ont débitées lorsqu'on les a interrogés sur des choses étrangères à leur propre état, on en eût formé un volume bien plus considérable. Les avis que donne M. de Lutzebourg sont très-propres à prévenir les dangers auxquels on est exposé : mais des maximes, des principes, des résultats géné-raux ne sauroient balancer l'effet que peut pro-duire sur des imaginations vives une suite de re-lations qui présentent des choses merveilleuses et des succès inespérés ; et c'est pourquoi je vou-drois que la société de Strasbourg eût mis plus de réserve dans la publication de ses mémoires. La croyance au magnétisme finira par s'établir, je n'en doute pas. Les hommes qui sont aujourd'hui bien convaincus de sa puissance doivent s'attacher encore plus à prévenir les abus qu'à accélérer le moment de la conviction générale.

La persuasion où je suis que, pour établir le magnétisme sur des bases inébranlables, il faut avancer lentement, s'abstenir de toute hypothèse, éviter ce qui est contraire aux principes reçus dans les sciences, et garder même le silence sur les faits qui paroissent trop merveilleux, m'a engagé à critiquer sévèrement plusieurs parties de ces mémoires. Je les regarde cependant comme un ouvrage infiniment précieux, et dont on sentira d'autant plus le mérite, que le magnétisme sera plus connu. Je n'en cite rien parce qu'un extrait seroit inutile pour les gens du monde et insuffisant pour les magnétiseurs. Ceux-ci doivent se les procurer et les relire sans cesse. Ils y distingueront trois choses : 1º les relations des cures; 2º les instructions données par des somnambules ; 3º les rapports généraux qui contiennent des préceptes et des résultats d'expériences. Je vais m'arrêter encore un moment sur ces trois objets.

Les histoires des maladies traitées par le magnétisme sont bien circonstanciées ; plusieurs sont accompagnées de consultations qui font connoître l'état antérieur du malade ; le traitement de quelques-unes a été suivi ou même fait par des médecins, et les guérisons sont revêtues de toutes les preuves qu'on peut désirer.

Les conversations des somnambules offrent souvent des principes sur la théorie et la pratique, souvent aussi l'explication de plusieurs phénomènes. On ne doit pas leur accorder une aveugle confiance ; mais il est à propos de comparer les opinions des divers somnambules sur des objets analogues. L'identité de ces opinions les rend très-vraisemblables, lorsque les somnambules n'ont eu entre eux aucune relation directe ni indirecte, et lorsqu'elles ne peuvent être la suite des idées du magnétiseur, ni de celles qu'ils avoient eux-mêmes dans l'état de veille. Il est encore intéressant de rapprocher l'explication qu'ils ont donnée de certains phénomènes de celles qui ont été quelquefois proposées par des personnes qui n'étoient point dans l'état de crise magnétique (1). Ce qu'un

______

(1) M. Demougé rapporte l'explication que lui a donnée mademoiselle Ph. de la manière dont elle recevoit en somnambulisme l'impression des objets éloignés. ( Voyez tom. 5, pag. 431. ) Ce que dit à ce sujet mademoiselle Ph. s'accorde avec ce qu'une autre somnambule avoit dit à M. Mouillesaux. Comme l'une et l'autre s'expriment de manière à faire croire que leurs sensations sont différentes de celles que nous recevons par le sens de la vue, il seroit intéressant de savoir si les idées qui affectent les aveugles pendant le sommeil se peignent à leur esprit autrement que pendant la veille. J'invite ceux qui connoissent des aveugles de naissance à les interroger sur cet objet ; ils en obtiendront peut-être des réponses fort éloignées de toutes celles qu'ils pourroient imaginer. Je

homme de 75 ans, mis en somnambulisme par M. le comte de Bruhl a dit de l'action du magnétisme, est d'autant plus digne d'attention, que

---

suis porté à le croire, d'après ce qui se trouve consigné dans un ouvrage anglais intitulé : *Philosophie de l'Histoire naturelle.* Edimbourg, 1799, 2 vol. in-4°. Le trait me paroît assez curieux pour que je le fasse connoître ici.

L'auteur (Guillaume Smellie), membre de la société des antiquaires et de la société royale d'Edimbourg, dans le chapitre où il traite du sommeil, rapporte une conversation tenue chez lui entre le célèbre docteur Reid, alors professeur de morale à l'université de Glascow, et le docteur Blacklock, qui étoit aveugle depuis l'âge de deux ans, et que sa cécité n'avoit point empêché d'être nommé professeur à l'université.

Reid ayant demandé à Blacklock s'il avoit quelque idée de la lumiere, ce dernier répondit qu'il n'en avoit absolument aucune. Reid lui demanda ensuite s'il y avoit quelque différence entre les idées qu'il se faisoit des personnes et des choses quand il rêvoit, et celles qu'il en avoit lorsqu'il étoit éveillé. Blacklock lui répondit que la différence étoit très-grande, qu'il auroit de la peine à la faire entendre, que cependant il alloit essayer.

Il dit alors que pendant la veille il reconnoissoit les personnes par le tact, par le son de la voix et par leur manière de respirer ; mais que, pendant son sommeil, les objets, soit animés, soit inanimés, se présentoient à son esprit d'une manière bien plus frappante, et qu'il en avoit des perceptions distinctes. Reid lui demanda enfin comment ces impressions lui parvenoient.

Il me semble, lui dit Blacklock, que mon corps est uni aux objets auxquels je pense, par le moyen de fils ou de cordes qui partent de ces objets pour arriver à moi, et que les idées mutuelles se communiquent par la vibration de ces cordes.

Je n'ai pu me procurer l'ouvrage de Smellie. C'est M. Jamard de Rouen qui m'a fait remarquer l'analogie des idées du docteur Blacklock avec celles des somnambules de Strasbourg, et c'est à lui que je dois la traduction du passage dont je viens de donner l'extrait.

cet homme étoit fort borné et ne savoit pas lire.

Les rapports généraux renfermés dans le troisième volume sont les plus instructifs, parce que la société, existant alors depuis quatre ans, avoit recueilli et comparé beaucoup de faits. On doit surtout distinguer celui de M. Mouillesaux sur le caractère de la volonté, et sur les idées fausses qu'on se fait de son action (1); et celui de M. le comte de Lutzebourg, qui est l'extrait d'un ouvrage dont je vais rendre compte.

La relation de plusieurs traitemens faits par des femmes de distinction, que le désir de soulager des malades avoit engagées à se dévouer à la pratique du magnétisme, démontre que les femmes n'ont pas moins de puissance que les hommes, et qu'elles doivent être préférées pour magnétiser des personnes de leur sexe.

---

(1) Selon M. Mouillesaux, la volonté ne doit jamais être impérative ; elle doit être un désir de seconder la nature pour opérer la guérison. Elle n'est point l'agent du magnétisme, mais une disposition nécessaire pour faire usage de cet agent.

Les idées de M. Mouillesaux s'accordent avec celles de M. de Puységur. Le désir d'être utile, dit ce dernier (dans une lettre adressée à la société de Strasbourg), et la conviction qu'on n'a qu'à le vouloir pour réussir, sont des sentimens propres à donner à l'âme un mouvement qui se communique à l'organisation physique. Une fois que le magnétiseur est dans cet état, en s'approchant du malade il le fait participer au mouvement dont il est agité. *Voyez t.* 5, *p.* 124.

Presque tous les magnétiseurs sentent en eux-mêmes qu'ils sont capables de produire certains effets.

# CHAPITRE V.

*Extrait des journaux d'un magnétiseur attaché à la Société des Amis réunis de Strasbourg, avec des observations sur les crises magnétiques connues sous la dénomination de somnambulisme.* Seconde édition, revue et considérablement augmentée. Strasbourg, 1786. in-8°. 165 p.

*Nouveaux extraits des journaux d'un magnétiseur, depuis* 1786 *jusqu'au mois d'avril* 1788. Strasbourg, 1788. in-8, 99 p.

Ces deux ouvrages sont la suite l'un de l'autre. L'auteur ( M. le comte de Lutzebourg), qui s'étoit entièrement dévoué à la pratique du magnétisme, avoit observé plus de trois cents somnambules ; il avoit comparé les phénomènes et généralisé les résultats ; aussi a-t-il donné des observations très-curieuses sur les crises et sur la manière de les classer, et des principes utiles sur l'application du magnétisme aux maladies et sur les secours qu'on peut en espérer pour la guérison.

Mais ce n'est point là ce qui me porte à recommander aux magnétiseurs la lecture de ces deux ouvrages. Sur ce que M. de Lutzebourg dit de l'efficacité du magnétisme, des effets qu'il en a éprouvés lui-même, de ceux qu'il a fait éprouver à d'autres, de ceux dont il a été témoin, on pourroit le regarder comme un enthousiaste et attacher peu d'importance à ses assertions. Mais quand on supposeroit qu'il exagère l'efficacité du magnétisme, les conseils qu'il donne n'en auroient que plus de poids. C'est sur les précautions à prendre pour magnétiser avec succès ; c'est sur les dangers auxquels on s'expose en négligeant ces précautions que M. de Lutzebourg insiste le plus : il y revient sans cesse. Il rejette absolument la doctrine des magnétiseurs spiritualistes ; il montre qu'en fixant l'esprit des somnambules sur des idées métaphysiques, on court risque de les rendre fous ; il soutient, comme M. Mesmer, que si le somnambulisme est une crise souvent nécessaire pour la guérison, une fois la guérison arrivée, il ne peut continuer que par une affection du cerveau contraire à l'harmonie, et qu'alors il devient lui-même une maladie nerveuse. Il veut qu'on n'écoute qu'avec beaucoup de prudence et de défiance les consultations que les somnambules donnent pour d'autres malades; il assure que les somnambules médecins sont très-rares, que mille causes peuvent troubler leur clairvoyance, et qu'en s'en rapportant à eux, en les faisant parler sur d'autres individus, trop souvent, ou avec trop de contention d'esprit, on s'expose à leur faire beaucoup de mal, et que les erreurs dans lesquelles ils tombent, même sans s'en apercevoir, peuvent coûter la vie à ceux pour qui on les consulte.

Certes, quand M. de Lutzebourg, syndic de la société la plus célèbre et la plus exaltée pour le magnétisme, quand un homme qui avoit observé plus de trois cents somnambules et vu les guérisons les plus extraordinaires, dit pareille chose, il faut l'en croire : il ne plaide ici ni la cause du magnétisme, ni celle de la société dont il étoit membre, ni celle des enthousiastes de la découverte avec lesquels il étoit lié : il s'expose même à leur critique ; et c'est le désir seul du bien, l'amour de la vérité qui le déterminent.

Je sais que M. de Lutzebourg passoit pour avoir cette vivacité d'imagination qui s'oppose au calme et à la lenteur nécessaires pour bien observer : je crois même qu'il s'est trop hâté de généraliser ; mais qu'importe ? ce qui est essentiel, ce qui lui appartient dans sa doctrine, c'est ce qu'il dit pour retenir l'enthousiasme, pour prévenir les inconvéniens d'une confiance excessive et d'une imprudente précipitation. Tous ceux qui ont étudié le magnétisme reconnoîtront,

à la lecture de son ouvrage, qu'il en étoit profondément instruit; et l'on est forcé de convenir
que les préceptes qu'il donne sont le résultat de
la comparaison d'un grand nombre de faits rap-
prochés avec une admirable sagacité.

On apprend de M. de Lutzebourg que les
somnambules clairvoyans pour les autres sont
très-rares ; que souvent ils ordonnent des remèdes qui ne conviennent pas ; que s'ils sont
infaillibles sur leur propre état, ce n'est qu'autant
que la crise est parfaite et qu'on évite de les
influencer et de les presser ; qu'on les expose à
de grands dangers en les forçant à diriger leur
attention sur ce dont ils ne sont pas naturellement portés à s'occuper ; qu'en leur faisant traiter
des questions métaphysiques et en les engageant
dans des rêveries mystiques, on risque de les
rendre fous ; que le somnambulisme prolongé
après la guérison est une maladie physique et
morale ; que la moindre négligence du magnétiseur envers son somnambule peut avoir les
plus funestes conséquences; que les somnambules
sont sujets à prendre le mal des malades qu'ils
touchent ; qu'un magnétiseur ne doit jamais magnétiser un malade qui a des incommodités analogues aux siennes ; qu'il faut absolument n'être
occupé, en magnétisant, que du désir de faire du
bien : enfin que, si le magnétisme est une bonne

chose en lui-même , il peut devenir par ses abus une chose très-dangereuse. D'autres ont dit tout cela, sans doute ; mais M. de Lutzebourg le prouve par un grand nombre d'exemples, et le bien qu'il dit du magnétisme fait plus d'impression, quand on voit qu'il ne s'en est pas dissimulé les dangers.

Je ne saurois trop inviter les magnétiseurs à lire ces deux ouvrages, qui malheureusement sont devenus rares , et dont il seroit à désirer qu'on fît une nouvelle édition. Au reste, on en trouve un extrait assez étendu dans le troisième volume des mémoires de la société de Strasbourg , page 177 et suiv. M. de Lutzebourg y répète même les principes essentiels qu'il avoit donnés.

J'ai vu plusieurs lettres de M. de Lutzebourg à ses amis, dans lesquelles il s'élève contre les idées des spiritualistes , et montre que l'association des systèmes métaphysiques et religieux avec le magnétisme peut entraîner les plus grands abus, révolter plusieurs personnes pieuses et bien intentionnées, et entraîner la ruine d'une pratique qui ne doit être employée qu'au soulagement des maladies.

# CHAPITRE VI.

## OUVRAGES DE M. DE PUYSÉGUR.

§. I. 1° *Mémoires pour servir à l'histoire du Magnétisme animal, et suite à ces Mémoires*, 2 v. in-8°. La première partie fut imprimée en 1784, et la seconde en 1805. — Dans la seconde édition, publiée en 1809, les deux parties sont réunies en un volume de 505 pages ;

2° *Du Magnétisme animal, considéré dans ses rapports avec diverses branches de la physique*, 1 vol. in-8', 478 pag. Première édition, 1807 ; seconde édition, 1809. On y a joint le procès-verbal d'un traitement magnétique en 37 p.

3° *Recherches, expériences et observations physiologiques sur l'homme dans l'état de somnambulisme naturel, et dans le somnambulisme provoqué par l'acte magnétique*. Paris, 1811, 1 vol. in-8°, 430 pag. (1)

---

Je ne donnerai point un extrait de ces ouvrages, parce qu'il est facile de se les procurer, et que

---

(1) Tous les ouvrages de M. de Puységur se trouvent à Paris chez J. C. Dentu, imprimeur-libraire, rue du Pont-de-Lodi, n° 3, près le Pont-Neuf

ceux qui prennent intérêt au magnétisme doivent les lire en entier ; mais pour remplir la tâche que je me suis imposée, je dois les examiner avec toute l'impartialité dont je suis capable.

On peut les considérer sous trois points de vue ,

1° Comme offrant la preuve des effets du magnétisme ;

2° Comme contenant des instructions sur la pratique ;

3° Comme donnant l'explication des phénomènes.

Sous le premier rapport, je pense qu'ils auroient dissipé tous les doutes si on les avoit lus, non comme un roman, mais avec l'attention que méritoit un tel sujet.

Les antagonistes les plus décidés du magnétisme conviennent qu'on ne peut suspecter la bonne foi et la véracité de M. de Puységur ; mais oublions un moment la réputation d'honneur et de probité attachée à son nom : quand ses écrits seroient anonymes, la simplicité, l'abandon qui y règnent seroient une preuve évidente de l'intime conviction de l'auteur. Sur quel motif peut-on donc se fonder pour rejeter ses assertions ? Il n'affirme que ce qu'il a soigneusement examiné ; il est scrupuleux à ne rien dissimuler, à ne rien exagérer dans les détails. On voit qu'en exposant les faits et les conséquences qui lui paroissent en découler, il n'a point songé à faire une théorie, et qu'uniquement occupé de ce qu'il croyoit vrai et utile, il n'a jamais attaché la moindre importance à l'opinion qu'on prendroit de lui. C'est un secrétaire qui écrit sous la dictée de la nature.

« La bonté d'une cause, dira-t-on, n'est prouvée ni par la droiture, ni par la persuasion, ni par la constance de ceux qui la soutiennent. L'erreur a eu ses martyrs comme la vérité. On peut être trompé ; on peut se faire illusion à soi-même. Il est surprenant qu'un homme qui vit dans la meilleure société ait l'imagination tellement frappée d'une chimère, qu'il croie en voir partout les preuves, et qu'il ne soit détrompé ni par des expériences renouvelées pendant trente ans, ni par les objections de ses adversaires, ni par les conseils de ses amis : mais cela n'est pas sans exemple ; et comment s'assurer que M. de Puységur n'est pas dans ce cas-là ? » Je réponds qu'on peut s'en assurer en examinant les motifs de sa croyance.

J'ai dix fois répété qu'il y a des faits sur lesquels on peut se faire illusion, et d'autres sur lesquels l'illusion est impossible. Un grand nombre de ceux que rapporte M. de Puységur sont dans cette dernière classe. Il peut avoir été la dupe

de tel ou tel individu qui aura joué le somnambulisme, mais il ne peut l'avoir été de tous. Les
précautions qu'il a prises pour s'assurer de la
réalité de quelques phénomènes sont telles que
les gens les plus adroits et les plus habiles n'auroient pu réussir à lui en imposer. Les résultats
sont constatés, non point uniquement par son
affirmation, mais par des preuves légales, aussi
convaincantes aujourd'hui que le jour même où
elles ont été recueillies. D'ailleurs il est absurde
d'imaginer que deux cents malades, parmi
lesquels se trouvent des hommes qui jouissent
de la plus grande considération, aient voulu se
jouer de sa crédulité, et que deux cents autres
personnes qui ont examiné les faits avec lui aient
été également dupes. Il est impossible que les
nombreuses lettres qu'il a reçues de gens qui ne
le connoissoient point, et qui, en suivant sa méthode, ont obtenu les mêmes résultats, ne contiennent que des faussetés ; et si chaque fait en
particulier ne peut être rejeté qu'en supposant
de l'aveuglement ou de la mauvaise foi dans celui
qui le raconte, la réunion et la concordance de
ces faits forme un ensemble de preuves qui détruit même cette supposition, et qui ne laisse
aucun refuge au scepticisme.

Ce n'est point à Paris qu'on peut juger de l'influence qu'ont eue les ouvrages de M. de Puységur.

Des faits ne sont rien pour ceux qui ne veulent pas se donner la peine de les vérifier, pour ceux qui, loin de soumettre leurs préjugés à l'expérience, repoussent toute expérience qui combat leurs préjugés. Au milieu du tourbillon des affaires et des distractions de tout genre, on lit moins pour s'éclairer que pour trouver matière à conversation. Les analyses infidèles de quelques journaux, la décision précipitée de quelques hommes d'esprit dirigent l'opinion des gens du monde : a-t-on trouvé dans un livre une idée bizarre, une erreur de physique ou d'histoire, une contradiction apparente, une négligence de style, une phrase qui prête à la plaisanterie, on cite ces traits, on les répète, on en rit, et l'ouvrage entier est jugé. Il y a des hommes qui méditent, qui discutent, qui, dans un traité sur un sujet grave, s'attachent à ce qui est essentiel ; mais ils sont en petit nombre, ils vivent habituellement dans la retraite ; et si l'un d'eux se trouvant au milieu d'une société veut approfondir une question, on cesse bientôt de l'écouter. Il n'en est pas de même dans les petites villes et dans les campagnes ; on y parcourt moins de livres, mais on les étudie pour y puiser des connoissances. Aussi les ouvrages de M. de Puységur ont-ils fait beaucoup plus de prosélytes au magnétisme dans les provinces. Parmi ceux qui les ont lus, les uns n'avoient aucune idée de ce nouveau moyen de guérir ; ils en ont fait l'essai, et ils ont été convaincus ; d'autres croyoient au magnétisme, mais ils n'en avoient que des notions incomplètes ; ils ne savoient ni comment, ni dans quelles circonstances ils devoient en faire usage ; ils ont été dirigés et ils ont fait beaucoup de bien.

Ceci me conduit à examiner les ouvrages de M. de Puységur, comme donnant des instructions à ceux qui veulent magnétiser.

On a imprimé plus de trente volumes qui contiennent des preuves incontestables du magnétisme, une foule innombrable de témoins peuvent en attester les effets ; mais les ouvrages qui renferment de bons principes sur la pratique sont en petit nombre, et il n'en est aucun qu'on puisse préférer à ceux de M. de Puységur. Ceux-ci peuvent tenir lieu de tous les autres, et les autres ne peuvent les suppléer.

On ne sauroit s'étonner assez que les *Mémoires pour servir à l'histoire et à l'établissement du magnétisme* étant le premier ouvrage où l'on ait exposé les phénomènes du somnambulisme, et par conséquent le premier où la doctrine soit établie sur des bases solides, tous les principes fondamentaux s'y trouvent, et de telle manière qu'on n'a dû y faire depuis aucun changement, ni même aucune addition importante. Une multitude d'observations ont servi à confirmer ces principes, à les développer, à en faire connoître les résultats; aucune ne les a combattus. Le but et les moyens sont également indiqués, et les trois lignes placées à la fin de ces mémoires doivent être considérées comme une formule de laquelle on peut déduire toute la science du magnétisme (1).

Je sais qu'on a publié depuis des relations très-curieuses, des phénomènes surprenans, des théories métaphysiques et physiologiques; mais, dans l'état actuel des choses, cela n'est pas fort utile. Les faits extraordinaires qu'on a recueillis pourront un jour être ramenés à des lois générales; mais ils ne sont encore ni assez nombreux, ni assez circonstanciés, ni assez dégagés de toute influence étrangère, pour qu'on doive en tirer des conséquences. C'est à guérir ou à soulager des êtres souffrans que le magnétisme doit être employé, et à cet égard on trouve dans M. de Puységur presque tout ce qu'il faut savoir. Sa doctrine est d'une simplicité admirable, d'une extrème facilité dans la pratique; et les difficultés qui peuvent se présenter dans certains cas, et qui embarrassent ceux qui n'ont point d'expé-

---

(1) Volonté active vers le bien ; croyance ferme en sa puissance ; confiance entière en l'employant.

rience , sont pour la plupart résolues dans les réponses qu'il a faites aux magnétiseurs qui l'ont consulté.

Ses ouvrages ont encore un mérite qui ne peut être apprécié que par ceux qui ont pratiqué le magnétisme, c'est qu'ils annoncent dans l'auteur une parfaite connoissance du sujet qu'il traite. On y trouve quelquefois des mots d'une simplicité presque triviale, et qui renferment le sens le plus profond ; tel est celui-ci : *tournez la manivelle.* Des observations qui sont le résultat d'expériences nombreuses et de comparaisons multipliées, par exemple, celles que les personnes qui n'ont aucune idée du magnétisme sont, toutes choses égales d'ailleurs, plus susceptibles d'entrer dans l'état de somnambulisme ; que les premiers sommeils sont ordinairement les meilleurs ; que le désir trop ardent d'exciter le somnambulisme s'oppose presque toujours au succès, etc., etc.

Personne n'a autant insisté sur les dispositions dans lesquelles doit se trouver le magnétiseur pour produire des effets salutaires ; il paroît avoir oublié que des principes de cette nature ne pouvant s'expliquer par aucune de nos théories scientifiques, on les tourneroit en ridicule. Il a dit avec candeur ce qu'il a reconnu vrai. C'est lui qui s'est le premier élevé contre les convulsions, et qui les a entièrement bannies des traitemens magnétiques, en faisant voir combien elles étoient dangereuses, et en nous enseignant les moyens de les prévenir ou de les calmer.

Je ne prétends cependant point qu'il n'y ait dans les ouvrages de M. de Puységur des erreurs et des exagérations dont il ne s'est pas aperçu. Je crois, par exemple, qu'il accorde beaucoup trop de confiance aux somnambules ; et quoiqu'il ait bien senti qu'on ne devoit s'en rapporter à eux qu'autant qu'on étoit sûr de leur clairvoyance, il n'a point assez insisté sur les précautions nécessaires pour la constater. Je pense aussi qu'il a trop négligé d'observer les effets produits par la diversité des procédés. C'est principalement sur ces deux points que les avis qu'on trouve dans d'autres ouvrages, et particulièrement dans les journaux de M. Tardy, dans ceux de M. de Lutzebourg et dans les annales de la société de Strasbourg, me paroissent utiles.

Si les ennemis du magnétisme nient des faits démontrés, ses partisans poussent trop loin les conséquences de ces mêmes faits. Presque tous ont dans leurs écrits fort bien montré la puissance du magnétisme ; aucun, que je sache, ne s'est occupé à marquer les limites de cette puissance, et cela n'étoit pas moins essentiel. Les avis que donne M. de Puységur sont extrêmement sages ; mais, parmi les faits qu'il a publiés, il en est qu'il eût été plus prudent de passer sous silence. Il est possible que ses ouvrages engagent quelques personnes à accorder trop de confiance à un moyen qui peut devenir dangereux , si l'on n'apporte dans son emploi la plus grande prudence et la plus grande circonspection : il est possible même qu'ils exaltent l'imagination de quelques lecteurs. Or cette exaltation est toujours nuisible , et c'est précisément parce que les disciples de M. de Puységur seront trop frappés des prodiges qu'il raconte , qu'ils ne feront pas autant de bien que leur maître : car pour faire le bien il faut être dans un état de calme , et ne chercher que le bien. Ce n'est pas qu'il y ait de l'enthousiasme dans ses écrits ; il ne prend jamais le ton dogmatique ; il montre la plus grande déférence pour les savans qu'il regarde comme les juges naturels de sa doctrine , et pour les médecins qui selon lui peuvent seuls en tirer parti et la propager d'une manière utile ; il pense même que c'est entre leurs mains que la connoissance du magnétisme devroit être déposée pour parvenir à sa perfection.

Après avoir dit mon sentiment sur les ouvrages de M. de Puységur, considérés comme un recueil de faits qui prouvent la réalité du magnétisme , et comme un ensemble de principes propres à diriger les magnétiseurs, je dois les examiner comme contenant des explications physiques.

Cet examen est étranger à ce qu'ils renferment d'utile ; mais j'aurois l'air de la prévention si, après en avoir loué le mérite, je ne convenois également des imperfections qui ont mis obstacle à leur succès.

M. de Puységur avoit fait imprimer son premier ouvrage pour le donner uniquement à ceux qui s'occupoient du magnétisme, sous la condition expresse de ne le communiquer à personne. Il pensoit qu'il n'étoit pas temps de parler des faits qu'il avoit observés, que, malgré les témoignages dont ils étoient appuyés, on se refuseroit à les croire, et qu'il se compromettroit par une publication prématurée.

C'eût été un grand bien que la découverte du magnétisme eût été d'abord confiée à un petit nombre d'hommes sages, qui pendant plusieurs années se seroient dévoués à soulager des malades, et qui sans bruit, sans éclat, auroient accumulé les preuves. Dans certains cas, ils auroient conseillé à leurs amis d'employer avec simplicité les moyens qui leur réussissoient, ils n'auroient rien dit de faux ; mais ils se seroient abstenus de tout dire : ils auroient surtout gardé le silence sur les phénomènes merveilleux. Peu à peu la croyance se seroit établie, parce que ni les

systèmes, ni les traitemens n'auroient rien offert
d'extraordinaire aux yeux du public. L'époque
seroit enfin arrivée où les médecins auroient examiné la chose et en auroient fait usage, et l'habitude d'en voir des effets l'auroit fait regarder
comme toute naturelle. Malheureusement il n'en
a pas été ainsi ; la connoissance du magnétisme
s'est répandue, et elle s'est trouvée associée aux
erreurs qui naissent de l'ignorance, de la précipitation et de l'enthousiasme. Alors M. de Puységur a cru devoir s'exposer aux désagrémens
qu'il avoit prévus, et faire le sacrifice de sa tran-
quillité pour offrir à tous une instruction nécessaire, et prévenir les abus qui naissoient de
l'incertitude des principes et de la diversité des
opinions.

En conséquence il s'est décidé à donner une
nouvelle édition de ses Mémoires, et il a publié
deux autres volumes qui contiennent les faits
nouveaux qu'il avoit observés depuis vingt-cinq
ans, et la confirmation des principes qu'il avoit
d'abord établis.

Dans ces deux derniers ouvrages il a cherché
à expliquer les phénomènes du magnétisme, en
les comparant à ceux de l'électricité du galvanisme, de la lumière, etc.; et l'on s'aperçoit qu'il
n'est pas assez versé dans les sciences pour établir
de telles comparaisons. Cela doit être ainsi. M. de

Puységur avoit reçu dans sa jeunesse l'instruction convenable à un homme destiné à remplir dans la société les emplois les plus distingués ; mais il a depuis consacré son temps à faire le bien, et il lui est resté peu de loisir pour se livrer à des études qu'on ne sauroit approfondir qu'autant qu'on s'en occupe exclusivement. On ne peut que le louer du parti qu'il a pris : seulement il est fâcheux qu'il ait essayé de traiter des questions de haute physique, sur lesquelles il n'étoit pas assez préparé, et que les raisonnemens qu'il emploie et les autorités sur lesquelles il s'appuie soient peu propres à convaincre de la réalité du magnétisme, et surtout à en faire concevoir l'action. Ce défaut influe dans l'esprit des lecteurs superficiels, sur l'opinion qu'ils prennent des principes fondamentaux, et l'insuffisance des explications leur sert de prétexte pour combattre les faits.

M. de Puységur met autant de clarté que d'exactitude dans ses récits : mais il a négligé d'enchaîner les faits et les raisonnemens, de fortifier les uns par les autres, de classer les divers phénomènes, de comparer entre elles les conséquences qu'il tiroit de chacun d'eux. De là résulte dans ses ouvrages un manque d'ordre, quelquefois même des contradictions ; ces contradictions ne portent que sur des choses indifférentes ; mais les critiques cherchent à faire croire qu'elles naissent de l'incertitude de la doctrine.

Malgré ces défauts dont je conviens sincèrement, on en reviendra à rendre une pleine justice à l'auteur de ces ouvrages. On ne songera plus aux explications qui, quand même elles seroient en accord avec l'état actuel des sciences, pourroient bien être encore renversées par des expériences nouvelles ; mais on recueillera les faits bien prouvés, et surtout les principes certains et invariables d'après lesquels on doit se diriger pour magnétiser avec succès.

En rendant compte d'une suite d'expériences qu'il a faites en présence de plusieurs savans et de plusieurs médecins, M. de Puységur paroît surpris que ces hommes, dont le témoignage auroit été du plus grand poids, se soient refusés à reconnoître publiquement la réalité des phénomènes. Je crois qu'il auroit dû s'y attendre, quoiqu'il fût bien sûr de n'avoir à craindre de leur part ni amour-propre, ni mauvaise volonté.

D'abord, dès qu'il est question de prononcer sur un fait contraire aux opinions reçues, il est naturel qu'on fasse abstraction de la confiance due à celui qui l'annonce, et qu'on soit aussi circonspect dans l'examen des circonstances que si l'on vouloit pénétrer la cause d'une illusion.

Ainsi, quoique les personnes admises au traitement regardassent comme très-probable que ce qu'on leur faisoit voir étoit réel, elles ne pouvoient l'attester qu'autant que leur conviction résultoit de l'impossibilité que la chose fût autrement.

M. de Puységur a souvent reconnu combien il est hasardeux d'exposer des somnambules aux regards d'une société nombreuse, et dans laquelle des incrédules troublent l'harmonie. Si une expérience vient à manquer, on ne fait plus attention à celles qui réussissent. Si, parmi les assistans, il y en a un seul qui dise qu'elles ne prouvent rien, les autres n'oseront plus soutenir le contraire, non par timidité, mais par défiance de leurs propres lumières.

Enfin, quelque difficile qu'il soit de supposer qu'une personne de la campagne joue le rôle de somnambule, qu'elle se donne à volonté des convulsions affreuses, qu'elle arrête le mouvement de son pouls, on se dit, la chose n'est pas impossible, et cela suffit pour qu'on reste dans le doute, pour qu'on mette en question si les accidens ont été annoncés parce qu'ils devoient naturellement avoir lieu, ou s'ils n'ont eu lieu que parce qu'ils avoient été annoncés.

Pour se convaincre des phénomènes du somnambulisme, il faut en observer la suite et l'accord. M. de Puységur avoit offert qu'une société de dix à douze savans se réunissent chaque jour à une heure convenue ; « chacun d'eux, disoit-il, amènera un malade que je ne connoîtrai point, dont je ne saurai pas même le nom, et à qui je ne parlerai qu'en leur présence : je suis sûr qu'avant un mois quelques-uns deviendront somnambules, et que presque tous éprouveront des effets salutaires. » Le succès d'une telle expérience seroit certain ; mais comment réunir à Paris une douzaine d'hommes très-occupés, qui, pendant un mois, consentent à sacrifier une heure chaque jour pour observer des faits contre lesquels ils sont prévenus ? Si cela avoit lieu, la cause du magnétisme seroit gagnée tout à coup. Je n'ose l'espérer. Ce n'est point par une société de savans que le magnétisme sera propagé ; c'est par des individus isolés qui essaieront de soulager leurs parens ou leurs amis souffrans. S'ils ne sont pas d'abord convaincus, le désir de faire du bien suppléera à la croyance ; ils obtiendront quelques effets, la confiance naîtra, et ils arriveront bientôt à magnétiser avec le plus grand succès.

Ne cherchons point à hâter l'ouvrage du temps. La croyance au magnétisme ne sera bien établie que lorsqu'on en parlera peu, et qu'on le pratiquera en silence, sans s'inquiéter des objections et des explications. Ceux qui liront les ouvrages de M. de Puységur dans le même esprit qui les a fait composer ne perdront pas leur temps à discuter sur les phénomènes ; ils désireront se livrer à la pratique ; ils se sentiront capables de réussir, et la jouissance qu'ils goûteront à soulager des malades sera toujours accompagnée d'un sentiment de reconnoissance pour celui qui leur en a enseigné les moyens.

§. II. *Les fous, les insensés, les maniaques et les frénétiques ne seroient-ils que des somnambules désordonnés ?* ou *Journal du traitement magnétique du jeune Hébert ;* première et deuxième partie, 91 p. et 109 p. La troisième partie n'a pas encore été publiée.

J'ai considéré dans leur ensemble les trois principaux ouvrages de M. de Puységur ; mais celui dont il vient de publier les deux premières parties ayant fait beaucoup de bruit, et n'ayant pas été bien jugé, je crois devoir en faire le sujet d'un article à part. Le résumé d'une conversation que j'ai eue dernièrement sur cet ouvrage donnera l'idée des critiques qu'on en peut faire, et du mérite réel qu'il me paroît avoir.

Je m'en entretenois avec un homme d'esprit qui n'a point suivi la pratique du magnétisme, et qui, ayant cherché à fixer ses idées par la lecture, se plaint que la gradation entre les faits simples et les faits merveilleux n'a pas encore été bien indiquée. « Je suis fâché, me dit-il, que M. de Puységur ait publié ce journal. Je ne sais s'il peut être de quelque utilité aux magnétiseurs, mais il n'est pas de nature à ramener l'opinion publique, et je ne suis point surpris qu'il ait donné lieu à des plaisanteries. La question qui en fait le sujet n'est pas résolue, elle n'est pas même clairement exposée dans le titre ; car, pour l'entendre, il faudroit avoir observé le somnambulisme et lu les mémoires de M. Mesmer. En écrivant au moment même tout ce qu'il a vu faire et entendu dire au jeune Hébert, l'auteur se laisse entraîner dans des détails inutiles : s'il décrit bien les maux de cet enfant, il les désigne par des termes impropres, et qui appartiennent à des maladies très-différentes. Il tombe dans des erreurs de physiologie ; il sème au hasard ses observations, ses doutes, ses réflexions, laissant à ceux qui voudront les recueillir le soin de les comparer, de les rectifier et d'en faire l'application. Enfin il raconte les événemens qui se sont passés sous ses yeux, sans prouver qu'il ne s'est pas fait illusion sur leur cause, et les incrédules ne manqueront pas de dire que son extrême bonne-foi l'a rendu la dupe d'un enfant. »

Quoique vous vous montriez beaucoup trop sévère, lui répondis-je, je veux bien convenir de tout cela. Je nie seulement que l'auteur ait eu tort de publier cet écrit. Que lui importent, et les plaisanteries des incrédules, et le jugement momentané du public ? Il sème, comme vous venez de le dire, persuadé que, malgré l'intempérie de la saison, quelques grains lèveront et qu'ils fructifieront un jour. Il y a déjà assez de preuves pour ceux qui veulent examiner : y en eût-il mille fois plus, elles seroient insuffisantes pour les autres. La vérité fondamentale sera tôt ou tard généralement reconnue ; il faut s'occuper à établir des principes propres à diriger ceux qui en sont déjà convaincus. Il eût été plus sage de garder d'abord le silence sur les phénomènes extraordinaires ; aujourd'hui qu'on en a publié un grand nombre, il n'est plus temps de rien celer. Il faut au contraire accumuler et comparer les faits : en devenant vulgaires, ils cesseront d'étonner. Le merveilleux disparoîtra lorsqu'on les aura ramenés à une même cause, lorsqu'on aura reconnu jusqu'où peut aller l'extension des sens, et peut-être le développement d'un sens intérieur.

Mon critique ne combattit point mes opinions ; il se contenta de me demander si je pensois que le journal du jeune Hébert offrît réellement des observations nouvelles et des instructions qui ne fussent pas déjà répandues dans d'autres livres.

Je le crois, lui répondis-je, et voici ce qui m'a particulièrement frappé.

1° On y trouve la description d'un phénomène peu connu : celui d'une espèce de somnambulisme, ou état magnétique, qui a toutes les apparences de l'état de veille, et qui continue quelquefois pendant un temps fort long ; il étoit essentiel d'appeler l'attention sur cette sorte de crise, qui peut avoir lieu sans qu'on s'en aperçoive, et dont les résultats sont utiles ou nuisibles, selon la conduite qu'on tient à l'égard de ceux qui y sont entrés (1).

2° Il nous apprend qu'il est souvent nécessaire d'employer le magnétisme à distance, en évitant le plus léger contact, sur les personnes qui ont une certaine irritabilité nerveuse, et que le moment le plus favorable pour agir sur elles d'une manière efficace est celui où elles dorment déjà du sommeil naturel.

3° Il nous donne un avis extrêmement important, et qui est établi sur des preuves directes : savoir, que les prévisions des somnambules ne sont pas toujours sûres, parce que des circons-

_______________

(1) Dans une note de mon chapitre sur le somnambulisme j'ai cité un exemple de cet état magnétique dont j'avois été témoin. J'en aurois dit davantage si j'avois connu les observations de M. de Puységur.

tances, même très-légères, peuvent accélérer, retarder, ou empêcher une crise annoncée. On ne sauroit s'empêcher de remarquer ici avec quelle simplicité l'auteur expose tout ce qui peut modifier ou combattre des opinions qu'il avoit précédemment adoptées.

4° L'exemple d'un somnambulisme déréglé, et qui pendant quelques jours a présenté les caractères de la folie, est un des faits les plus curieux et les plus instructifs qu'on ait cités jusqu'ici. Ce fait avoit déjà été aperçu, mais il n'avoit point encore été analysé. En voyant comment le magnétisme bien dirigé peut remédier à ces aberrations, et ramener l'ordre dans les idées, on est conduit à penser qu'il réussiroit à guérir certains genres de folie.

5° On voit dans cet écrit mieux que dans tout autre jusqu'où peut aller la susceptibilité des somnambules; avec quelle attention il faut veiller aux plus petites choses pour prévenir les accidens ; combien il est difficile et dangereux de traiter en même temps plusieurs personnes attaquées de maladies nerveuses. On y voit surtout qu'avant d'entreprendre la guérison de ces sortes de maladies, le magnétiseur doit s'être examiné lui-même, et s'être bien assuré des dispositions de ceux qui l'entourent, pour savoir s'il aura le loisir de continuer, la patience de supporter les fatigues, le courage de vaincre les difficultés, et si les parens et les amis du malade ne contrarieront pas ses soins au lieu de les seconder. Un zèle irréfléchi conduit souvent à des imprudences. Les hommes d'un caractère ferme, d'une âme tranquille, et qui, maîtres de leur temps, se sentent capables d'une constance à toute épreuve, doivent seuls se charger du traitement des maladies nerveuses et convulsives.

5°. Enfin l'ouvrage est terminé par un morceau sur l'influence de l'imitation dans les crises somnambuliques. M. de Puységur saisit cette occasion pour justifier le rapport des commissaires; il en dit même sur cet objet bien plus qu'ils ne l'avoient fait eux-mêmes. A la vérité ses observations ne tendent point à faire douter de la réalité du magnétisme, elles démontrent au contraire l'étendue et l'énergie de son action ; mais elles nous apprennent à juger les phénomènes, à les isoler des circonstances étrangères, et à ne négliger aucune précaution vis-à-vis des personnes chez qui l'état de crise magnétique a exalté la sensibilité.

# SECTION IV.

De quelques ouvrages sur différens sujets, dans lesquels on trouve des opinions relatives au Magnétisme, ou des faits qui paroissent en dépendre.

## CHAPITRE I.

*D'un ouvrage de Pomponace, et d'un passage de Bacon.*

M. THOURET a prouvé que la doctrine du magnétisme avoit formé pendant un siècle une secte nombreuse dans la médecine, et qu'elle avoit donné lieu à une foule d'écrits dans lesquels on avoit tour à tour soutenu et réfuté les idées renouvelées depuis. Il a fait voir surtout que la plupart des propositions de M. Mesmer se trouvoient dans divers auteurs, et particulièrement dans Maxwel. Cela est incontestable, et j'ai seulement nié que cela prouvât la fausseté de ces propositions. Il faut cependant convenir que dans les écrivains du seizième et du dix-septième siècle les principes du magnétisme sont mêlés à tant de superstitions et d'absurdités, que l'opinion de ceux qui les ont soutenus devoit éloigner la confiance, et qu'il falloit être fort habile pour démêler quelques vérités au milieu de cet amas de rêveries.

Dans plusieurs ouvrages moins connus que celui de M. Thouret, on a comparé la théorie de M. Mesmer aux systèmes des philosophes anciens et modernes sur l'âme du monde, le fluide universel, l'influence réciproque des êtres, la cause du mouvement, etc. Mais la théorie physique de M. Mesmer est obscure, et les systèmes dans lesquels on la retrouve ont été imaginés par des hommes qui ont voulu deviner le secret de la nature, sans le secours de l'observation et de l'expérience. D'où il suit que, de la comparaison de ces idées, il ne résulte aucune connoissance positive.

Il seroit cependant curieux de chercher si les vrais principes du magnétisme n'ont pas été reconnus par des hommes ennemis du merveilleux et des superstitions, qui ont cru trouver dans cet agent la cause de plusieurs phénomènes qu'on attribuoit de leur temps à la magie. Ce seroit la matière d'une dissertation intéressante. Comme une telle dissertation exigeroit une érudition que je n'ai point, et que d'ailleurs elle seroit déplacée dans cet ouvrage, je me bornerai à montrer, par un seul exemple, que les opinions des magnétiseurs actuels, loin d'avoir été celles des hommes crédules, ont au contraire été adoptées par ceux qui vouloient combattre la superstition.

Pierre Pomponace, qui fut si célèbre par la hardiesse de ses opinions philosophiques, publia en 1517 une dissertation sur les causes des faits naturels et merveilleux, ou sur les enchantemens. *De naturalium effectuum admirandorum causis, seu de incantationibus liber. Basileæ, in-8°.* Dans cet ouvrage, après être convenu de la vérité des miracles opérés par la puissance de Dieu pour l'établissement de la religion, il nie tous les autres, et il soutient que les prodiges attribués, soit à la magie, soit à l'intervention des démons, sont ou des supercheries, ou des effets produits par une cause naturelle qu'on n'a pas su découvrir.

Il regarde comme une chose généralement reconnue qu'il y a des hommes doués de la faculté de guérir certaines maladies par une émanation que la force de leur imagination dirige sur le malade.

Lorsque les hommes doués de cette puissance, dit-il, agissent en employant la force de l'imagination et de la volonté, cette force affecte leur sang et leurs esprits, qui, par une évaporation poussée au dehors, produisent de tels effets.

*Sic contigit tales homines qui habent hujusmodi vires in potentia, et per vim imaginativam et desiderativam cum actu operantur, talis vir-tus exit ad actum, et afficit sanguinem et spiri-tum, qui per evaporationem petunt ad extra, et producunt tales effectus.* cap. 4, p. 44.

Les conditions qu'il croit essentielles au succès sont à peu près les mêmes qu'exigent aujourd'hui les magnétiseurs.

Il faut, dit-il, que celui qui exécute cette sorte d'enchantement ait une grande foi, une imagination forte, et une ferme volonté de guérir la maladie ; dispositions qui ne se rencontrent pas chez tous les hommes.

*Oportet præcantatorem esse credulum, et ma-gnam fidem adhibere, et habere vehementem imaginationem et fixum desiderium, et circa unamquamque ægritudinem. Modo patet non omnes homines esse æqualiter dispositos.* Cap. 5, p. 75.

Il dit encore que la confiance du malade contribue à l'efficacité du remède ; que les enfans sont plus susceptibles d'en éprouver les effets, parce que leurs organes plus foibles opposent moins de résistance ; et que l'action se fait sentir d'autant plus que celui qui l'emploie est placé plus près du sujet sur lequel il veut agir, et qu'il est mieux disposé. *Secundùm appropinquationem et dispositiones agentis.* Ib. p. 50.

Enfin il combat l'opinion de ceux qui font

intervenir l'influence des astres dans ces sortes d'opérations.

Ceux qui les exécutent, dit-il, réussissent également, quelle que soit la situation respective des astres : ils n'emploient donc point leur influence; autrement il faudrait supposer que nous avons la faculté d'attirer à nous la vertu des corps célestes et d'en disposer par des paroles et des signes, ce qui est contre toute vraisemblance.

*Videmus tales homines in omni tempore talia operari : non igitur hæc fiunt ex influxu corporum cælestium: aliter nostrûm esset virtutes cælestium reducere ad opus et eas retrahere : hoc autem non videtur veritati consonare.* Epist. p. 4.

Au reste, Pomponace auroit voulu que ces moyens fussent tenus secrets, ou même défendus, parce que, selon lui, de même qu'on peut les employer pour faire du bien, on peut aussi s'en servir pour faire du mal.

Plusieurs philosophes ont eu depuis sur la cause des phénomènes attribués à la magie des opinions analogues à celles de Pomponace, et Bacon, qui rapporte ces opinions, ne les trouve point invraisemblables. Voici comment s'exprime ce grand homme.

« La fascination, dit-il, est la force et l'action de l'imagination d'un homme, dirigées sur le corps d'un autre. L'école de Paracelse, et ceux qui sont attachés à la magie, en ont dit des choses in-croyables : d'autres se sont moins écartés de la vraisemblance. Ceux-ci ayant examiné l'énergie occulte des choses, les irradiations des sens, les transmissions d'un corps à l'autre, les vertus ma-gnétiques, etc., ont pensé que l'esprit d'un homme pouvoit communiquer avec l'esprit d'un autre, et produire sur lui des impressions. Comme dans ce système les effets sont d'autant plus grands que l'imagination de celui qui veut les produire a plus de force ; on a dû chercher les moyens d'augmenter l'énergie de cette faculté, et l'on a cru les trouver dans les gestes, les amulettes, les incantations et autres cérémonies magiques. Cette opinion a fourni un prétexte pour excuser ces cérémonies : on a dit qu'elles avoient de l'effica-cité, non par un pacte avec les mauvais esprits, mais parce qu'elles étoient un véhicule propre à exalter l'imagination de celui qui en faisoit usage avec des intentions pures et comme d'un remède physique. »

*Fascinatio est actus imaginationis intensivus in corpus alterius, etc.* Bacon de Augm. scient. lib. 4, cap. 3. Edit. in-4°, tom. 4, p. 121 (1).

---

(1) Il y a dans Maxwel un passage remarquable. L'imagination opère au dehors, dit-il ; elle est en quelque sorte une main dout l'âme se sert pour agir sans le secours du corps. *Imaginationem extra corpus operari clarum esse puto....... Et quid quæso aliud*

De tous les ouvrages dans lesquels on a combattu les opinions de Pomponace, je n'en connois aucun qui soit meilleur et mieux raisonné que celui de Thomas Fienus, premier professeur à l'université de Louvain, intitulé, *De viribus imaginationis*, imprimé à Louvain en 1606. Mais cet auteur, après avoir nié la plupart des faits, est obligé de convenir de quelques-uns qu'il attribue à la magie ou qu'il regarde comme des miracles. Cette conclusion me paroît moins philosophique que celle de Pomponace. Au reste, le traité de Fienus est peut-être celui où l'on pourroit puiser les plus fortes objections contre le magnétisme ; et il n'est aucune de ces objections à laquelle je ne croie avoir fait une réponse satisfaisante.

---

*est imaginatio quàm, ut ita dicam, animæ manus, per quas illa sine corporis auxilio operatur.* Maxw. de Med. magn. lib. 1, cap. 2, p. 6.

# CHAPITRE II.

*Joh. Nic. Pechlini observationum physico-medi-
carum libri tres. Hamburgi, 1691. 4°, lib. 5,
obs. 30, 31 et 32, p. 474—493.*

———

IL y a dans ce recueil, qui est généralement
estimé, trois chapitres sur la médecine d'attouchement. Dans le premier, l'auteur recommande
les frictions, la pression, etc., comme des moyens
connus, et il ajoute que la simple application de
la main est très-efficace par la chaleur qu'elle
communique et par des émanations salutaires :
*Calore salubribusque effluviis plurimùm potest.*
Le second contient l'histoire de Greatrakes.
Comme il est trop long pour que je le traduise
en entier, je me bornerai à en donner une analyse. Je ne dirai rien des faits racontés dans le
troisième article ; ils ne sont ni aussi bien attestés,
ni aussi éloignés de ce qui peut faire soupçonner
de l'enthousiasme ou de la superstition dans ceux
qui les ont observés.

En abrégeant le récit de Pechlin, je suis forcé
de supprimer beaucoup de circonstances essentielles, et des réflexions très-sages ; mais je puis

attester que dans ce que je retranche il n'y a rien qui pût affoiblir la confiance, ni donner matière à une objection, et j'invite ceux à qui il resteroit des doutes à avoir recours à l'original ; ils jugeront ensuite si M. Thouret et d'autres étoient fondés à rejeter le témoignage de Pechlin et à traiter Greatrakes de charlatan. Je vais laisser parler l'auteur lui-même.

« Parmi les guérisons surprenantes que raconte l'histoire, dit Pechlin, il faut surtout compter celles qu'un gentilhomme irlandais opéra, il y a environ vingt-six ans, à Londres, à Oxford et dans plusieurs villes d'Irlande et d'Angleterre. Il en a donné lui-même une relation circonstanciée, imprimée à Londres en 1666. (1) « Je ne crois pas qu'on puisse élever le moindre doute sur les faits rapportés dans cet ouvrage. Toutes les preuves possibles y sont réunies. Les détails qu'il contient et les conséquences qui en sont déduites le rendroient digne d'être traduit dans toutes les langues. Comme je ne puis entrer ici dans une longue discussion, je me borne à choisir quelques témoignages dans les lettres

_______________

(1) Pechlin ne cite pas le titre du livre ; il dit seulement qu'on voit au-dessous du titre le portrait de Greatrakes, avec ces mots : *Valentin Greatrakes esq. of afane in y county of Waterford, in the kingdom of ireland, famous for curing several diseases and distempers, by the stroak of his hand only.* Cette inscription prouve que ce n'est pas Greatrakes qui a fait imprimer l'ouvrage.

publiées par Joseph Glanville, chapelain de Charles II (1), et qui ont été écrites par les personnages les plus distingués dans la théologie, la médecine et la physique.

« Greatrakes, écrit le savant Georges Rust (doyen de Conmor, puis évêque de Dromore en Irlande), étoit un homme simple, aimable, pieux, étranger à toute fourberie. Il n'avoit sur la religion aucune opinion erronée, et il étoit fort attaché aux rites de l'église anglicane. J'ai passé trois semaines avec lui chez M. Conwayes, où j'ai eu l'occasion d'observer ses mœurs et de le voir guérir un très-grand nombre de malades. Par l'application de sa main, il faisoit fuir la douleur et la chassoit par les extrémités. L'effet étoit quelquefois très-rapide, et j'ai vu quelques personnes guéries comme par enchantement. Si la douleur ne cédoit pas d'abord, il réitéroit les frictions, et faisoit ainsi passer le mal des parties les plus nobles à celles qui le sont moins, et enfin jusqu'aux extrémités. Je puis affirmer, comme témoin oculaire, qu'il a guéri des vertiges, des maux d'yeux et des maux d'oreilles très-graves,

---

(1) Joseph Glanville est l'auteur d'un ouvrage de philosophie très-remarquable, intitulé : *Scepsis scientifica*. Il y combat le dogmatisme et il montre l'incertitude de la plupart des connoissances humaines.

des épilepsies, des ulcères invétérés, des écrouelles, des tumeurs squirreuses et cancéreuses au
sein. Je l'ai vu amener à maturité, dans l'espace
de cinq jours, des tumeurs qui existoient depuis
plusieurs années.

« Ces guérisons surprenantes ne m'induisent
point à croire qu'il y eût quelque chose de surnaturel : lui-même ne le pensoit point, et sa
manière de guérir prouve qu'il n'y avoit ni miracle, ni influence divine. La cure étoit souvent
fort lente : plusieurs maladies ne cédoient qu'à
des attouchemens réitérés ; quelques-unes même
résistoient à tous ses soins, soit qu'elles fussent
trop invétérées, soit à cause de la complexion
du malade. Il paroît qu'il s'échappoit de son corps
une émanation balsamique et salutaire.

« Greatrakes est persuadé que la faculté qu'il
possède est un don de Dieu, et voici pourquoi :
il y a environ quatre ans qu'il crut éprouver une
sorte d'inspiration, et entendre une voix lui dire
qu'il avoit reçu le don de guérir les écrouelles.
Fatigué plusieurs mois de suite par cette idée,
il en fit part à sa femme, qui pensa que c'étoit
une maladie de l'imagination. Un jour, ayant
trouvé un écrouelleux, il le toucha et le guérit ;
il en chercha d'autres, et le succès qu'il obtint
lui donna de la confiance. Une fièvre épidémique
s'étant déclarée dans le pays, il se crut averti par

la même voix, et s'étant rendu dans les lieux où les malades étoient réunis, il les toucha et en guérit un grand nombre. Il s'imagina bientôt qu'il pourroit guérir toutes les maladies, et ses espérances furent réalisées. Cependant il étoit quelquefois étonné de sa puissance, et il alloit jusqu'à douter si tout ce qu'il croyoit voir n'étoit pas une illusion ; mais enfin s'étant persuadé que Dieu lui avoit accordé une faveur particulière, il se dévoua uniquement au soin des malades.

« Au témoignage d'un savant théologien joignons celui de deux médecins célèbres, Faireclow et Astelius, qui ont examiné soigneusement les guérisons opérées par Greatrakes.

« J'ai été frappé, dit Faireclow, de sa doúceur, de sa bonté pour les malheureux, et des effets que produit sa main. Il n'emploie aucune cérémonie étrangère. Lorsqu'il a guéri quelqu'un il ne s'en glorifie point, il se borne à lui dire, que Dieu vous conserve la santé, et si on lui témoigne de la reconnoissance, il répond sérieusement qu'il faut uniquement remercier Dieu. Tous ceux qui l'ont connu admirent sa piété et sa modestie. Il se plaît surtout à donner ses soins aux matelots et aux soldats malades par la suite des blessures qu'ils ont reçues ou des fatigues qu'ils ont éprouvées à la guerre.

« Ecoutons maintenant Astélius.

« J'ai vu Greatrakes, dit-il, soulager à l'instant les plus vives douleurs par l'application de sa main. Je l'ai vu faire descendre une douleur de l'épaule jusqu'aux pieds, d'où elle sortoit enfin par les orteils; une chose remarquable, c'est que lorsqu'il chassoit ainsi le mal et qu'il étoit obligé de discontinuer, la douleur restoit fixée dans l'endroit où il s'arrêtoit, et ne cessoit que lorsque, par de nouveaux attouchemens, il l'avoit conduite jusqu'aux extrémités. Quand les douleurs étoient fixées dans la tête ou les viscères, et qu'il les déplaçoit, elles produisoient quelquefois des crises effrayantes et qui faisoient craindre pour la vie du malade, mais peu à peu elles passoient dans les membres et il les enlevoit entièrement. J'ai vu un enfant de douze ans tellement couvert de tumeurs scrofuleuses qu'il ne pouvoit faire aucun mouvement : Greatrakes fit résoudre la plupart de ces tumeurs par la seule application de sa main ; il ouvrit avec la lancette celles qui étoient les plus considérables, et il guérit les plaies en les touchant, et en les mouillant quelquefois de sa salive. Astélius raconte ensuite plusieurs guérisons remarquables dont il a été témoin, il affirme qu'il en a vu un bien plus grand nombre dont il supprime le détail, il confirme les éloges que Rust et Faireclow ont fait des mœurs et du caractère de Greatrakes, et il reconnoît comme eux que les guérisons qu'il opéroit n'avoient rien de miraculeux, qu'elles n'étoient pas toujours complètes et que même quelquefois il ne réussissoit pas.

« Greatrakes a ensuite publié lui-même la relation de ce qu'il a fait à Londres et dans plusieurs villes de l'Angleterre, et je ne vois pas, dit Pechlin, sur quel motif on peut se fonder pour attaquer cette relation. Les faits y sont accompagnés de toutes les circonstances, et il n'y en a pas un qui ne soit attesté au moins par trois témoins dignes de foi. Ces témoins ne sont pas les mêmes dans les divers cas, ils sont différens pour chaque guérison, et ce sont presque toujours des hommes que leur profession, leurs préjugés, leur intérêt devoient porter à rejeter des faits extraordinaires. En effet, les théologiens sont disposés à nier des guérisons qui ressemblent à des miracles et qui ne sont point dues à la religion ; les médecins ne le sont pas moins à rejeter celles qui sont opérées par un moyen occulte et des pratiques étrangères à leurs formules, et je trouve dans ces deux classes beaucoup de personnes qui ont attesté la vérité des guérisons. Les militaires et les grands seigneurs, qui se moquent des prodiges, se sont rendus à l'évidence. La société royale de Londres, par l'organe de son président, le célèbre Robert Boyle,

a soutenu la réalité des faits, et a défendu Greatrakes de l'imputation de magie, et Robert
Boyle en son propre nom a attesté plusieurs
de ces faits.

. Les maladies que Greatrakes a traitées sont en
très-grand nombre. La paralysie, la cécité, la
surdité, l'hydropisie, la pleurésie, des fièvres
de tout genre, des douleurs de sciatique, des
tumeurs, des cancers, des écrouelles, etc., ont
été guéries par son seul attouchement.

Une chose remarquable dans sa pratique,
c'est qu'une fois que, par l'application de sa
main, il avoit excité l'action de la nature, il se
produisoit des excrétions de divers genres,
comme sueur, évacuations alvines, vomisse-
mens, etc.

Il est encore remarquable que souvent les
douleurs devenoient plus vives lorsqu'il commençoit d'agir, et que ce n'étoit qu'après des
frictions réitérées qu'elles descendoient et sor-
toient par les extrémités, ou que le malade en
étoit délivré par une crise de sueur, de vomisse-
ment, etc.

Si quelques malades sont retombés dans le
même état après une guérison apparente, et ont
été obligés d'avoir de nouveau recours à lui, si
quelques-uns même n'ont pu être guéris malgré

tous ses soins, cela ne prouve point du tout qu'il n'avoit pas la faculté de guérir, cela prouve seulement que les effets qu'il produisoit ne tenoient point du miracle.

Quoiqu'en racontant l'histoire de Greatrakes Pechlin ait été obligé de supprimer beaucoup de preuves, et que dans l'extrait que je viens d'en donner je les aie moi-même affoiblies, je crois qu'il en reste assez pour démontrer la réalité des faits. Ceux qui les ont attestés n'étaient pas des enthousiastes, ils ne formoient point une secte, ils n'avoient point adopté un système, ils n'étoient mus par aucune prévention, ils étoient même intéressés à les nier. Le caractère de Greatrakes, son désintéressement, rendent absurde le soupçon d'imposture et de charlatanerie. Or, si l'on convient de la vérité des faits, on ne peut les attribuer qu'au magnétisme. Cela est évident par les principes qui le faisoient agir, par les procédés qu'il employoit, par les effets qu'il produisoit et par les circonstances qui précédoient ordinairement la guérison. On ne peut pas dire que Greatrakes se dirigeoit d'après la théorie des magnétiseurs, car il n'avoit aucune théorie; on ne peut pas dire non plus que les magnétiseurs ont voulu imiter Greatrakes, car les ouvrages où il est parlé de lui sont à peine connus. Arrêtons-nous un instant sur cette conformité (1).

Greatrakes s'étoit persuadé qu'il avoit reçu le don de guérir les maladies; il étoit bon et sensible, il ne recevoit d'argent de personne, il ne cherchoit point à se faire une réputation, il étoit mû par le seul désir de faire le bien, et il se dévouoit uniquement au soin des malades. Ainsi il avoit au plus haut degré les qualités qui assurent l'efficacité du magnétisme : *Volonté active vers le bien, croyance ferme en sa puissance, confiance entière en l'employant.*

Sa méthode consistoit à appliquer sa main sur la partie malade et à faire des frictions légères de haut en bas. C'est le procédé le plus en usage parmi les magnétiseurs, c'est celui qui n'a jamais d'inconvéniens.

Les diverses crises qui étoient produites par le traitement et qui amenoient la guérison sont exactement semblables à celles qui ont lieu dans

---

(1) Comme Pechlin n'avoit aucune idée du magnétisme, il n'a pu songer à faire ressortir cette conformité. Il est même probable qu'il a passé sous silence plusieurs détails qui l'auroient rendue plus frappante.

Il m'a été impossible de trouver à Paris la relation donnée par Greatrakes. Il paroît que les auteurs français qui l'ont citée ne la connoissoient que par l'extrait de Pechlin. Si quelqu'un de mes lecteurs l'avoit dans sa bibliothèque, et qu'il voulut bien me la communiquer, je lui en aurois beaucoup d'obligation.

les traitemens magnétiques. Il y a même une circonstance très-remarquable ; c'est que, lorsqu'une douleur étoit fixée dans un membre, Greatrakes la faisoit descendre peu à peu et la chassoit par les extrémités. J'ai obtenu cet effet presque toutes les fois que j'ai voulu guérir une douleur locale : et tous ceux qui ont pratiqué le magnétisme ont vu la même chose. Cet effet n'est cependant lié à aucune théorie, je ne m'en suis convaincu que par l'observation.

Le retour des maux qu'on croit avoir guéris, et dont on a seulement dissipé les symptômes sans en avoir détruit la cause, est encore très-ordinaire dans les traitemens magnétiques, et nous savons aujourd'hui qu'il faut souvent beaucoup de patience pour consolider une guérison. Nous savons de même qu'il est des cas où la guérison est absolument impossible.

Dans la relation de ce qu'a fait Greatrakes il n'est pas question de somnambulisme ; soit qu'il n'ait pas produit ce phénomène, soit qu'il ne l'ait pas observé ; mais on sait que le somnambulisme se montre rarement lorsqu'on ne cherche pas à l'exciter, qu'il n'est nullement nécessaire pour la guérison, et qu'il peut avoir lieu sans qu'on s'en doute, lorsqu'on n'interroge pas les malades, comme cela est arrivé aux premiers disciples de M. Mesmer.

Si l'on rapproche l'histoire de Greatrakes de celle de Gassner et de celle de plusieurs hommes pieux qui ont cru avoir le don des miracles, on reconnoîtra qu'il s'est trouvé souvent des hommes qui ont employé le magnétisme sans se douter de la nature de cet agent, et qu'ils ont réussi plus ou moins, selon qu'ils avoient plus ou moins de confiance, de sensibilité, de zèle pour le bien, d'énergie dans la volonté; et peut-être aussi selon qu'ils étoient naturellement doués d'une force plus ou moins grande (1).

Il me reste à dire un mot de la personne de Greatrakes.

Valentin Greatrakes, chevalier d'Affane, étoit

---

(1) On trouve encore dans les provinces de bonnes gens qui se croient doués de la faculté de guérir certaines maladies. Ils réussissent ordinairement, parce qu'on ne leur a pas persuadé que leur confiance étoit un préjugé ridicule.

Un cordonnier d'Auxerre, nommé Dal, étoit, il y a quelques années, connu dans cette ville pour guérir les douleurs de dents et les foulures. Il est essentiel de remarquer qu'il n'acceptoit aucun salaire; il prétendoit même que s'il se faisoit une fois payer il ne réussiroit plus. Lorsqu'on s'adressoit à lui, sa première question étoit : *Voulez-vous être guéri?* On répondoit : *Oui.* (C'étoit-là sa manière de se mettre en rapport.) Il vous touchoit pendant quelques minutes; ensuite il vous disoit : *Marchez sans crainte*, ou bien : *Servez-vous de votre main*, et l'on reconnoissoit que le mal avoit entièrement cessé. Je tiens ce fait de personnes dignes de foi, qui habitoient Auxerre, et qui ont eu plusieurs fois recours à lui. Ce n'est pas le seul exemple que je connoisse; mais il est inutile de raconter ces choses-là à ceux qui ne croient pas au magnétisme.

né dans le comté de Waterford en 1628. Ce fut en 1662 qu'il se sentit porté à toucher des écrouelles, et en 1665 qu'il essaya de traiter toute sorte de maladies. En 1666 il alla à Londres, et la cour l'appela à Whitehal. Il y fit des guérisons: mais il lui arriva ce qui devoit arriver à un homme simple et pieux, plusieurs courtisans se moquèrent de lui. Il se retira alors dans un quartier de Londres prés d'un hôpital, où il alloit tous les jours toucher des malades.

Il se lia avec le célèbre Robert Boyle, à qui il écrivit une lettre qui contient les détails des cures qu'il avoit faites. Cette lettre a été imprimée à Londres en 1666 (1).

Le bruit qu'il avoit fait en Irlande donna occasion à M. de Saint-Evremond, qui étoit alors à la Haye, d'écrire une nouvelle, intitulée *le Prophète irlandois*, dans laquelle il raille la crédulité du peuple et l'esprit de superstition.

On voit que M. de Saint-Evremond écrivoit contre Greatrakes comme on a écrit de nos jours contre M. Mesmer, ou contre M. de Puységur, sans être informé des faits.

*Voyez* la Vie de Saint-Evremond par des Maizeaux ( *OEuvres de Saint-Evremond*, tom. 1 ).

---

(1) L'identité de date me fait présumer que la lettre à Boyle et la relation dont parle Pechlin sont un seul et même ouvrage.

# CHAPITRE III.

## OUVRAGES DE M. PETETIN.

§. I. *Mémoire sur la découverte des phénomènes que présentent la catalepsie et le somnambulisme, symptômes de l'affection hystérique essentielle, avec des recherches sur la cause physique de ces phénomènes, par M. Petetin, professeur agrégé au collége des médecins de Lyon.* In-8°, 1787.

---

Les phénomènes dont ce mémoire contient la relation sont exactement semblables à ceux du somnambulisme magnétique, et cette identité prouve qu'ils sont dus au même principe, et que la nature les produit quelquefois d'elle-même. M. Petetin n'a pu se faire illusion sur leur réalité ; mais son éloignement pour le magnétisme lui en a fait chercher l'explication dans un autre système, et il a regardé le somnambulisme merveilleux dont il étoit témoin comme une maladie dangereuse qu'il falloit combattre par des moyens physiques, et non comme une crise utile pour la guérison.

Je ne puis entrer ici dans le détail des faits
que raconte M. Petetin ; je me bornerai à choisir ce qu'ils offrent de plus remarquable, à donner une analyse succincte de sa théorie, et à
montrer que son ignorance du magnétisme lui
a fait négliger une observation importante.

Le principal phénomène dont il est ici question est la translation des sens à l'épigastre. La
cataleptique paroissoit depuis long-temps dans
un état d'insensibilité absolue : aucun excitant
n'agissoit sur elle ; ses yeux et ses oreilles avoient
entièrement perdu la faculté de recevoir des
sensations. Quel fut l'étonnement de M. Petetin
quand le hasard lui fit découvrir qu'elle enten-
doit parfaitement lorsqu'il lui parloit sur l'estomac. Convaincu de ce fait par des expériences
réitérées, il s'aperçut bientôt qu'il en étoit de la
vue et de l'odorat comme de l'ouïe. La cataleptique lisoit par l'estomac, même au travers
d'un corps opaque ; il reconnut enfin qu'il n'étoit
pas nécessaire de lui parler immédiatement sur
l'estomac, et qu'il suffisoit pour s'en faire entendre de lui parler à l'extrémité d'un conducteur, dont l'autre extrémité posoit sur l'estomac.

M. Petetin, qui s'étoit beaucoup occupé d'é-
lectricité, imagine qu'elle pourra lui donner la
clef de ces phénomènes incompréhensibles, et

bientôt il lui paroît certain qu'ils sont tous produits par cette cause.

Il prétend que le fluide électrique qui s'élabore dans le cerveau, et qui coule de la moelle allongée dans les nerfs, s'est rendu dans l'estomac par les nerfs de la huitième paire, et par le nerf récurrent de Villis ; qu'en se portant ainsi dans la cavité de l'estomac il se détourne des organes des sens ; que la membrane de l'estomac se trouve alors avoir acquis une prodigieuse irritabilité, et que les impressions qu'elle reçoit par le fluide électrique se transmettant au cerveau, celui-ci reçoit, par le moyen de l'estomac, les sensations qu'il recevoit auparavant par les yeux, les oreilles, le nez, etc.

Il suppose encore que le fluide électrique est l'âme sensible des corps vivans, cette nature, cette faculté occulte qui réagit contre le principe des maladies, cette substance intermédiaire qui a tant d'empire sur l'âme intellectuelle.

Prévenu de cette idée, qu'il ne propose cependant que comme une hypothèse, il a fait plusieurs expériences pour la confirmer.

Je me contenterai de citer une seule de ces expériences ; toutes les autres découlent du même principe.

Si vous interrompez par un corps idio-électrique ou non conducteur la communication entre l'estomac de la malade et un objet qu'elle voyoit, elle cessera de le voir. Si plusieurs personnes faisant la chaîne, la dernière personne de la chaîne tient sa main sur l'estomac de la malade, et que la première, qui est la plus éloignée, parle dans le creux de sa main, la malade entendra parfaitement ; elle cessera d'entendre, quelque forte que soit la voix, si la communication entre les personnes qui forment la chaîne est interrompue par un bâton de cire d'Espagne (1).

Je conviens que cette expérience paroîtroit concluante à des physiciens ; elle ne l'est point du tout pour les magnétiseurs. Les divers somnambules présentent des anomalies si singulières ; les causes qui agissent sur eux sont si variées, qu'on ne peut établir une loi générale d'après un fait particulier. Il est certain que les corps idio-électriques n'interrompent pas entièrement la communication du fluide magnétique, puisque les magnétiseurs se sont long-temps servis de baguettes de verre comme conducteurs, et qu'il

---

(1) « Dans cette expérience, dit M. Petetin, le fluide électrique qui s'échappe avec l'air des poumons est vibré par les cordes vocales : absorbé par les pores de la main, il imprime ce mouvement à toute la masse de matière électrique affluente qui passe rapidement des personnes qui composent la chaîne dans la cavité de l'estomac du malade, devenu l'organe de l'ouïe. » p. 47.

est bien reconnu que les habits de soie n'em-
pêchent pas l'action du magnétisme. Je ne sais
si les substances résineuses opposent un obstacle
à la libre transmission du fluide ; je n'ai pas fait
sur cela des expériences directes ; mais je puis
assurer, d'après un grand nombre d'observations, que la plupart des somnambules ont de
l'antipathie pour l'électricité, du moins pour
celle qui est produite par les machines élec-
triques, et qui se fait sentir aux personnes nerveuses dans les temps d'orage (1).

---

(1) Dans le journal du traitement de mademoiselle N., M. Tardy
rapporte une expérience qui semble autoriser cette conjecture.
Ayant interposé un pain de cire d'Espagne entre sa baguette d'acier
et l'estomac de sa somnambule, celle-ci lui dit que le fluide sorti
de la baguette se séparoit en arrivant à la cire, pour s'échapper
par les bords, et que la petite portion qui passoit au travers n'avoit
plus d'étincelles. Si cette expérience, que je n'ai point répétée,
avoit le même résultat chez plusieurs somnambules, elle prouveroit bien que les substances résineuses s'opposent au passage
du fluide magnétique, mais elle ne prouveroit nullement l'identité
de ce fluide avec le fluide électrique.

Il n'est pas douteux que les somnambules ont de l'antipathie
pour certains corps. Je ne sais si c'est à l'électricité qu'il faut attribuer celle que je leur ai vue pour les chats.

Des médecins de ma connoissance ont fait sur deux femmes
somnambules une expérience qui semble prouver que certains corps
idio-électriques modifient singulièrement l'action du magnétisme.
Lorsque la somnambule étoit touchée avec un bâton de cire d'Espagne, les impressions qu'elle éprouvoit changeoient de caractère,
et il lui sembloit que celui qui la touchoit ainsi s'éloignoit d'elle.

D'après ses expériences, M. Petetin est naturellement conduit à considérer le corps humain comme une machine électrique douée de sentiment et d'intelligence, en mouvement par ses propres forces. Selon lui, les nerfs conducteurs du feu principe portent ce feu dans toutes les parties de notre corps, et avec lui la matière nutritive qui doit en soutenir, développer et réparer les organes. Il importe peu à l'âme que ce soit l'œil ou l'estomac qui reçoive l'image des corps, elle lui arrive toujours par les nerfs.

Après avoir rendu compte des faits, et développé sa théorie, M. Petetin passe à l'examen des phénomènes produits par la pratique du magnétisme. Il convient que l'imposition des mains, le baquet, l'arbre, etc., ont excité des convulsions et provoqué le somnambulisme ; mais il ne croit nullement que ces crises, qu'il regarde comme très-dangereuses, soient l'effet de la petite portion de fluide électrique communiquée par le magnétiseur, ou par des conducteurs qui ne sont pas isolés ; l'action même d'une machine

---

Une de ces somnambules avoit une extrême répugnance pour plusieurs métaux, et elle avoit grand soin de se débarrasser de tous ceux qu'elle portoit sur elle lorsqu'elle entroit en somnambulisme. On ne m'a pas dit si le fer étoit du nombre des métaux qui lui déplaisoient.

électrique ne les produiroit pas tous : car si elle peut donner des convulsions, elle ne sauroit renouveler le somnambulisme chez un malade qui en a eu des accès. A quoi donc attribuer ces crises si fréquentes dans les traitemens magnétiques ? A deux causes excitées par les procédés du magnétisme, l'imagination et l'attention : l'imagination accroît l'activité du feu principe, et l'attention concentre le fluide dans le cerveau. De là résulte un désordre dans notre organisation, et des phénomènes semblables à ceux qu'il a observés dans sa cataleptique sont la suite de ce désordre.

Je n'entreprendrai point de réfuter les raisonnemens de M. Petetin. Je crois avoir prouvé que le magnétisme a une action indépendante de l'imagination et de la croyance des malades. Je conviens que, lorsqu'il est mal dirigé, il peut produire des effets funestes : je me suis assez clairement expliqué là-dessus ; mais le mal qu'il fait est la suite de l'impéritie ou de l'exaltation des magnétiseurs. Après avoir raconté des merveilles incompréhensibles, et les avoir expliquées par une théorie insuffisante, M. Petetin déclame beaucoup contre la crédulité et la superstition, et il ne s'aperçoit pas qu'on n'est ni plus crédule, ni plus superstitieux, pour attribuer ces phénomènes à l'agent nommé magnétisme, que pour les attribuer à l'électricité.

Avant de terminer cet article, je dois dire pourquoi l'éloignement de M. Petetin pour le magnétisme, et l'ignorance où il étoit sur la puissance de cet agent, et sur les principes qui le mettent en action, l'ont empêché de faire une expérience qui eût probablement modifié le résultat de toutes les autres, et lui auroit certainement donné beaucoup de lumières.

M. Petetin ignoroit que c'est la volonté qui met en mouvement et qui dirige ce fluide magnétique qu'il confond avec le fluide électrique, et il n'a pas songé à observer l'influence de sa volonté sur sa cataleptique, ni à remarquer en quoi cette volonté et les opinions dont il étoit prévenu pouvoient faire varier le résultat de ses expériences. Peut-être, s'il eût fait entrer cette condition dans l'examen des phénomènes, n'auroit-il plus vu que les corps idio-électriques avoient constamment la puissance d'interrompre toute communication. Je ne puis assurer que cela ne soit pas vrai dans certains cas, mais je suis sûr que les expériences qu'il a faites ne suffisent pas pour le démontrer.

§. II. *Électricité animale, prouvée par la découverte des phénomènes physiques et moraux de
la catalepsie hystérique et de ses variétés, et
par les bons effets de l'électricité artificielle
dans le traitement de ces maladies, par M. Petetin, président honoraire et perpétuel de la
société de médecine de Lyon, etc., 1 vol. in-8°,
1808, 382 pag.*

Quelques années après la publication du mémoire dont je viens de rendre compte, M. Petetin a trouvé d'autres cataleptiques qui lui ont
offert exactement les mêmes phénomènes que
la première, et de plus la translation des sens
non-seulement à l'épigastre, mais encore à l'extrémité des doigts et des orteils. L'une d'elles,
madame de St. P., étoit une femme qui avoit
reçu la meilleure éducation ; il la fait voir
à un très-grand nombre d'hommes éclairés et
d'habiles médecins, qui tous ont été convaincus
de la réalité des phénomènes et de l'impossibilité
de les simuler. Ces nouveaux faits, si curieux et
si multipliés, ont été le sujet de plusieurs mémoires qu'il a rédigés avec beaucoup de soin,
et qui ont été publiés après sa mort sous le titre
d'*Électricité animale.*

Ce dernier ouvrage contient l'histoire de huit

cataleptiques que M. Petetin a traitées successivement, et qu'il a guéries, en joignant l'électricité
à d'autres remèdes. Toutes ces cataleptiques ont
présenté le même phénomène du transport des
sens à l'épigastre et à l'extrémité des doigts et
des orteils, d'un développement prodigieux des
facultés intellectuelles, de la prévision de leurs
maux à venir ; enfin de tout ce qu'on a raconté
des somnambules les plus extraordinaires.

J'invite ceux qui rejettent l'autorité de MM.
Tardy, de Lutzebourg, de Puységur, etc., à
lire ce recueil avec attention. Les connoissances
que l'auteur avoit en médecine, sa prévention
contre le magnétisme, la série des expériences
qu'il a faites pendant vingt ans, le détail des
circonstances, ne leur laisseront aucun doute sur
la réalité des faits.

M. Petetin a persisté dans sa théorie sur le
fluide électrique ; il l'a même étayée d'un grand
nombre d'expériences ; mais il a changé d'opinion sur le magnétisme, dont il a reconnu la réalité. Il n'est pas surprenant qu'il se fût élevé
contre dans un temps où l'on voyoit encore des
convulsions dans les traitemens publics.

Si la théorie de l'auteur est hypothétique, les
faits sont incontestables ; ils ont été reconnus par
tous ceux qui ont voulu les observer, et des

praticiens célèbres en ont attesté la vérité. On ne sauroit nier que l'électricité n'ait produit des effets salutaires dans le traitement de ces maladies ; et il seroit très-difficile de réfuter les expériences qui prouvent que dans les circonstances décrites par M. Petetin le fluide électrique étoit le véhicule du magnétisme ; mais il n'en est pas de même dans la plupart des cas. Ceci montre combien il reste d'observations à faire pour connoître l'analogie et la différence du fluide magnétique avec les autres fluides impondérables répandus dans la nature, et les modifications que ces fluides subissent par leur passage au travers des corps animés (1).

M. Lullier Winslow a donné dans le journal de médecine de M. Corvisart, tome XVIII, octobre 1809, un extrait de l'ouvrage de M. Petetin. En réfutant la théorie de l'auteur, il montre la certitude des faits et leur identité avec ceux

---

( 1 ) Quoique l'examen des faits m'ait conduit à admettre un fluide magnétique, je ne prétends pas que la réalité de ce fluide soit démontrée. Peut-être que le magnétisme agit sur le principe de la vie comme l'attraction sur la matière. On sait que dans le magnétisme minéral, et même dans l'électricité, l'existence des divers fluides est encore une hypothèse sur laquelle le calcul s'appuie pour ramener les phénomènes à des lois générales. On considère comme des fluides particuliers les différens principes de mouvement. Mais si la nature de ces principes n'est pas bien connue, les lois qu'on a déduites de leur manière d'agir sont incontestables.

du magnétisme, et il invite ses confrères à les observer.

M. de Puységur a proposé, dans ses recherches sur le somnambulisme, quelques réflexions très-justes et très-ingénieuses sur les expériences qui avoient déterminé M. Petetin à attribuer à l'électricité tous les phénomènes du magnétisme.

L'ouvrage intitulé *Électricité médicale* est précédé d'une notice très-intéressante sur la vie de M. Petetin. L'auteur de cette notice, médecin très-instruit, y a joint des notes qui font connoître plusieurs ouvrages de médecine et de physiologie, où l'on trouve des faits analogues à ceux que M. Petetin a racontés.

# CHAPITRE IV.

*Mémoire sur la maladie et la guérison de mademoiselle Le F., adressé à la société des sciences physiques et médicales d'Orléans par M. Guéritaut, pharmacien de la ville de Mer, département de Loir-et-Cher; imprimé par extrait dans le bulletin de cette société, t. III, p. 159, 1812.*

M. de La Tour, aujourd'hui médecin de S. A. I. le grand-duc de Berg, a suivi avec M. Guéritaut le traitement de cette maladie depuis les premiers symptômes jusqu'à la guérison, et c'est le fils même de M. de La Tour qui a rédigé l'extrait du mémoire de M. Guéritaut.

Les phénomènes qu'a présentés la malade sont exactement semblables à ceux que M. Petetin a observés sur ses cataleptiques. Dans l'un et l'autre cas, ils ont été produits par la nature, sans le concours du magnétisme. La seule différence, c'est que M. Petetin a soumis ses malades à des expériences pour établir sa théorie de l'électricité, et que ceux qui ont suivi le traitement de mademoiselle Le F. se sont bornés à observer l'ordre naturel des phénomènes, et à les raconter simplement, sans en chercher l'explication. J'invite mes lecteurs à se procurer le bulletin de la société d'Orléans. Je vais me borner à indiquer succinctement les faits principaux.

Mademoiselle Adelaïde **Le F.** fut atteinte en 1804 d'une hypocondrie qui résista à tous les remèdes de la médecine ; elle eut des attaques de paralysie, de catalepsie et de convulsions, et des accès de folie. Elle perdit successivement l'usage de la vue et de l'ouïe, et alors le toucher étoit d'une délicatesse inconcevable. Tantôt ses forces musculaires étoient prodigieuses ; d'autres fois l'abattement étoit extrême. Son intelligence et sa mémoire acquéroient, dans certains momens, un développement merveilleux, et elle devenoit d'une adresse étonnante pour exécuter les ouvrages les plus délicats et les plus difficiles.

Bientôt les sens de la vue, de l'ouïe et de l'odorat se transférèrent à l'épigastre ; elle voyoit par cet organe, même au travers des corps opaques. Elle prétendoit consulter son estomac qui l'instruisoit dé tout ce qu'il lui importoit de savoir. Elle fit sur sa maladie des prédictions qui ont été écrites littéralement sous sa dictée. Ces prédictions contiennent le détail de tous les accidens qui devoient lui arriver pendant le cours de l'année, celui des remèdes qu'il falloit lui administrer, de l'effet de ces remèdes, des crises qu'elle auroit, et enfin l'époque précise de sa guérison (1).

D'après l'avis des médecins, et la certitude qu'ils avoient acquise d'une clairvoyance qu'on regardoit d'abord comme impossible, les parens se sont décidés à suivre le traitement que la malade s'étoit prescrit ; ils l'ont conduite au Havre pour y prendre les bains de mer , et tout ce qu'elle avoit annoncé s'est vérifié avec la plus grande exactitude. Mademoiselle A. Le F. , dit l'auteur du mémoire, est aujourd'hui mariée ; elle jouit d'une bonne santé, et elle fait le charme de la société où elle vit par son esprit et son caractère.

Il faut observer,

1° Que mademoiselle Le F. avoit reçu une bonne éducation ; qu'elle appartenoit à une famille très-honnête , et qu'elle avoit de la fortune ;

2° Que les faits sont attestés par elle , par ses parens et ses amis, par un médecin et un pharmacien au-dessus de tout soupçon, et qu'ils ont

_______

(1) On m'a communiqué une copie des lettres écrites successivement par une parente de mademoiselle Le F., qui ne l'a point quittée pendant sa maladie. Elles offrent une relation simple et détaillée des phénomènes. Les prédictions de la malade y sont rapportées à mesure qu'elle les faisoit, et c'est dans des lettres postérieures qu'il est parlé de leur accomplissement.

eu pour témoins toutes les personnes qui composent la bonne société de la petite ville de Mer;

3° Que ces faits sont les mêmes que ceux qui ont été observés par M. Petetin, ce qui confirme la relation de ce dernier;

4° Qu'on n'a employé sur mademoiselle Le F. ni le magnétisme, ni l'électricité, ni aucun procédé qui ait pu agir sur son imagination ; ce qui prouve que les phénomènes du somnambulisme sont la suite d'une crise qui a lieu naturellement dans certaines maladies, et que le magnétisme excite quelquefois, comme il excite une transpiration ou une évacuation;

5° Que ces phénomènes ne sont pas aussi rares qu'on a voulu le dire, et que nous en aurons plusieurs exemples lorsque les médecins voudront les chercher et les examiner, comme l'ont fait MM. Petetin, Guéritaut et de La Tour.

On peut voir dans le Moniteur du 27 mars 1812 un extrait du mémoire inséré dans le Bulletin de la société d'Orléans.

# CHAPITRE V.

*Des mémoires de M. Thouvenel sur l'électrométrie souterraine.*

Les mémoires de M. Thouvenel méritent certainement l'attention des physiciens. Des faits rapportés par un observateur de bonne foi, et confirmés par un grand nombre de témoignages, ne peuvent être rejetés qu'après un examen approfondi. Il ne suffit pas, pour les combattre, de leur opposer une expérience négative. Il faudroit auparavant discuter les conditions nécessaires au succès des expériences. Il est possible que M. Thouvenel se soit trompé dans plusieurs circonstances ; il est possible qu'il ait mis de l'exagération dans le récit de quelques phénomènes ; il est surtout très-possible qu'il ait tiré de fausses conséquences des faits, et que sa théorie ne soit pas vraie. Mais il est difficile de supposer qu'il soit dans l'erreur sur le fait fondamental, qu'il a examiné pendant si long-temps, et dont plusieurs physiciens distingués ont reconnu la vérité.

J'avoue que je suis du nombre de ceux qui croient que certains individus, lorsqu'ils passent sur un endroit où il y a de l'eau, dont la communication avec eux n'est pas interrompue par un corps isolant, en éprouvent un effet qui se manifeste par le mouvement d'une baguette à deux branches qu'ils tiennent dans leurs mains. Je crois à la réalité de ce phénomène, parce que je l'ai cent fois vu, examiné, constaté par tous les moyens qui sont en mon pouvoir, et que j'ai la certitude qu'on n'a voulu ni pu m'en imposer. L'opinion de ceux qui ont prétendu qu'avec une baguette on pouvoit suivre des voleurs à la trace, découvrir des objets perdus, etc., est également absurde et ridicule. Jamais un homme éclairé n'écoutera de pareilles folies. L'effet de la baguette se borne à reconnoître de l'eau courante jusqu'à une profondeur de quelques pieds, et probablement des mines de métal, ce que je ne puis affirmer, parce que je ne l'ai pas observé.

Quoi qu'il en soit, il n'y a aucun rapport entre le magnétisme et la rabdomancie. Le changement qu'éprouve celui qui passe sur de l'eau paroît être un effet électrique ou galvanique (1).

---

(1) Voyez dans la Bibliothèque britannique, sciences et arts, tom. XXXV, pag. 80, mai 1807, la notice sur les expériences que M. Ritter a faites avec M. Campetti, et dans les *Opuscul scelti*, t. XIX, XX et XXI, les lettres de M. Amoretti sur la Rabdomancie.

Sa volonté n'y est pour rien ; il n'y a de sa part aucune émission de fluide vital ; c'est lui qui reçoit un fluide dont l'action se porte sur ses nerfs. Ainsi, qu'on pense ce qu'on voudra des phénomènes de la baguette nommée divinatoire, cela ne doit influer en rien sur l'opinion qu'on prendra du magnétisme. Ces phénomènes ne se manifestent que chez certains individus, la faculté de magnétiser appartient à tout le monde, et l'on peut en faire l'essai chaque fois qu'on se trouve auprès d'un malade à qui l'on prend intérêt.

Je pense que la baguette divinatoire auroit trouvé moins d'incrédules si l'on eût exposé le fait tout simplement, en indiquant les précautions nécessaires pour le vérifier. Malheureusement on l'a mêlé tantôt à des explications insuffisantes, tantôt à des croyances absurdes. C'est le seul rapport qu'il y ait entre cette théorie et celle du magnétisme. Le merveilleux sera toujours le plus grand obstacle à la propagation de la vérité.

On doit à M. Thouvenel de la reconnoissance pour la constance qu'il a mise à soutenir une opinion sur laquelle on étoit convenu de répandre du ridicule. Il est fâcheux que sa théorie soit souvent hypothétique, et qu'elle ne soit pas toujours exposée avec assez de clarté.

# CHAPITRE VI.

*Du Perkinisme et des propriétés merveilleuses
attribuées à certaines substances.*

Il y a environ dix-huit ans qu'un médecin des
Etats-Unis, nommé Elisha Perkins, crut avoir
reconnu que l'application des métaux avoit de
l'influence sur les corps vivans, et qu'en la diri-
geant d'une certaine manière, on en obtenoit
des effets salutaires. D'après cette idée, il inventa
un instrument auquel il donna le nom de *trac-
teur métallique*. Cet instrument, long de deux
pouces et demi, est composé de deux pyramides
de différens métaux, qui par leur réunion ont la
forme d'une moitié de cône coupé dans sa lon-
gueur. Pour guérir plusieurs affections locales,
et particulièrement les tumeurs inflammatoires,
il suffit de promener lentement la pointe du trac-
teur sur la partie affectée, en suivant la direction
des principaux nerfs, et cela vingt ou trente
minutes de suite, deux ou trois fois par jour. La
maladie cède quelquefois à la première opéra-
tion : souvent aussi la guérison exige plusieurs
semaines.

On fit avec le plus grand succès l'expérience des tracteurs métalliques dans les hôpitaux de Philadelphie. Un grand nombre d'hommes éclairés, parmi lesquels on compte des physiciens, des naturalistes, et quarante-deux médecins ou chirurgiens des plus distingués, attestèrent l'utilité de cette découverte, qui fut approuvée par le gouvernement.

Benjamin Perkins, fils de l'inventeur, ayant porté les tracteurs à Londres en 1798, il en fit publiquement l'essai dans les hôpitaux ; il obtint une patente qui lui assuroit le privilége exclusif de les vendre, et il fit imprimer la relation des cures opérées par ce moyen sur des hommes et sur des chevaux.

Le perkinisme avoit acquis un grand nombre de partisans, personne n'en contestoit les effets, et plusieurs savans d'Amérique, d'Angleterre et de Danemarck s'occupoient d'une théorie qui pût les expliquer, lorsque le docteur Haygarth, médecin de Bath, entreprit de prouver qu'ils dépendoient d'une illusion. Comme le raisonnement ne suffit pas pour combattre l'enthousiasme, il crut devoir s'appuyer d'une expérience décisive. Il fabriqua des tracteurs de bois semblables à l'extérieur à ceux de Perkins ; de concert avec deux de ses confrères, il en fit usage sur plusieurs malades, et les résultats qu'il en obtint lui firent regarder son opinion comme démontrée. En conséquence il publia en 1800 un petit ouvrage intitulé *de l'Imagination considérée comme cause . et comme remède des maladies*, etc. , ( of the imagination , etc.), dans lequel il soutient que c'est uniquement à l'imagination que sont dus tous les effets du perkinisme.

Cet ouvrage excita beaucoup de réclamations. B. Perkins y fit deux réponses qui parurent concluantes à ses partisans, et fort mauvaises à ses antagonistes. On continua à faire usage des tracteurs ; mais l'enthousiasme s'affoiblit, et leur réputation diminua peu à peu.

Quoique les guérisons attribuées au perkinisme soient infiniment moins nombreuses que celles qui sont dues au magnétisme, elles sont également attestées ; les effets sont analogues, et lorsqu'on a prétendu que la découverte de Perkins étoit une chimère, on n'a pas manqué d'en conclure que celle de M. Mesmer n'avoit pas plus de réalité. Ce seroit donc ici le lieu de comparer ces deux découvertes ; mais comme je n'ai vu aucune expérience du perkinisme, et que je ne suis pas instruit des phénomènes qui accompagnent son action, je ne puis dire si les effets qu'il a produits sont dus à la confiance des malades qui en ont fait usage, à une influence physique des métaux, au galvanisme, au magnétisme animal, ou même au concours de ces divers agens.

Les recueils de faits publiés par Perkins prouvent la réalité d'un grand nombre de cures ; mais ils ne nous apprennent rien sur les causes. Si les phénomènes du magnétisme ne sont pas expliqués, ils sont du moins ramenés à un seul principe et produits sans le secours d'aucun instrument ; il n'en est pas de même des effets du perkinisme.

On trouve dans la Bibliothèque britannique, sciences et arts, t. XXI, p. 49, (septembre 1802), un extrait de l'ouvrage anglais du docteur Haygarth. Ce qui est relatif au perkinisme est discuté dans cet article avec beaucoup de philosophie et d'impartialité. L'auteur rend compte des expériences du médecin de Bath, dont il présente les objections dans toute leur force ; il ne prononce rien sur la cause des effets produits par le perkinisme et par le magnétisme ; mais il prouve que plusieurs de ces effets ne sauroient être attribués à l'imagination. Il cite à ce sujet des faits concluans. Les doutes qu'il propose conduisent à des questions du plus grand intérêt, et sur lesquelles il me semble que la théorie du magnétisme répandroit beaucoup de lumières. Cette discussion m'entraîneroit trop loin Je me permettrai seulement d'ajouter quelques réflexions à celles que l'auteur a faites sur le sujet traité par le docteur Haygarth.

En expliquant par l'imagination les guérisons surprenantes, on ne fait pas attention que la cause à laquelle on les attribue n'est pas moins occulte que le magnétisme et le perkinisme : aussi se dispense-t-on de définir l'imagination ; on en fait une puissance extraordinaire, sans dire ce qu'elle est.

Le mot imagination, comme tous les termes métaphysiques, a un sens vague, et qui n'est déterminé que par la place qu'il occupe dans le discours. Ce mot appartient à la langue de la poésie et des beaux arts, à celle des sciences, à celle des arts mécaniques, à celle de la physiologie ; mais dans ces diverses circonstances il a une signification différente. En poésie, c'est la faculté de se représenter vivement les objets, de combiner d'une manière nouvelle et surprenante les impressions conservées dans la mémoire, de revêtir les idées d'images sensibles. Dans les arts d'imitation, c'est celle de choisir des traits que la nature a placés sur divers modèles pour en former un tout idéal. D'Alembert et Voltaire disent que les mathématiques exigent beaucoup d'imagination, parce qu'ils la considèrent comme la faculté d'apercevoir et de combiner des rapports éloignés (1). En mécanique, elle fait découvrir des instrumens et des procédés auxquels on n'avoit pas pensé, et dans ce sens Montgolfier étoit un homme d'une grande imagination. En métaphysique, elle rapproche des idées abstraites pour créer un système, comme l'ont fait Leibnitz et Malebranche. En physique, elle bâtit une théorie hypothétique et séduisante sur un petit nombre de faits. En physiologie, c'est une sorte d'exaltation nerveuse qui fait voir les objets autrement qu'ils ne sont, et qui présente comme réelles des choses qui n'existent pas. En médecine, et dans le sens que les médecins ont donné au mot imagination, lorsqu'ils l'ont regardée comme la cause des guérisons, c'est une persuasion assez forte pour exciter une révolution de laquelle résulte l'effet auquel on s'est attendu.

Il paroît bien surprenant que cette persuasion puisse résoudre une tumeur, guérir une hydropisie, faire cesser des coliques chez les femmes, produire le sommeil, etc. ; et si cela étoit, les médecins célèbres devroient guérir beaucoup de malades, en leur donnant, sous un nom inconnu, les remèdes les plus insignifians.

---

(1) Il y a une imagination étonnante dans la mathématique pratique, et Archimède avoit au moins autant d'imagination qu'Homère. VOLTAIRE, *Encyclopédie, article Imagination.*

J'ai vu souvent des malades persuadés que s'ils pouvoient consulter un médecin dont la réputation les avoit frappés, ils seroient bientôt guéris. Le médecin a été appelé ; il a eu la sagesse d'inspirer au malade la plus grande confiance aux nouveaux remèdes qu'il prescrivoit : le malade a été transporté de joie ; il s'est livré à l'espérance, et cependant il n'a éprouvé aucun soulagement.

Comment se fait-il qu'un magnétiseur qui ne promet rien, qui se contente de poser la main sur l'estomac, ou de faire de légères frictions, produise dans certains cas plus d'effet qu'un médecin célèbre, attendu avec empressement, même sur des personnes qui essaient du magnétisme sans y avoir beaucoup de confiance. Si l'on nie que cela est souvent arrivé, il n'y a plus rien qu'on ne puisse révoquer en doute. Si l'on en convient, il faut chercher la cause de la guérison dans un agent étranger à l'imagination du malade (1).

______

(1) Voici un fait dont je viens d'être témoin.

Un enfant de dix ans, nommé Claude-Louis l'Homme, sourd-muet de naissance, fils d'un laboureur de Poligny, département du Jura, a été envoyé à Paris il y a trois mois pour être placé chez M. Sicard. La demande faite pour lui d'une place dans cet établissement est dans les bureaux du ministre de l'intérieur.

Un homme de ma connoissance ayant vu cet enfant chez les personnes à qui on l'avoit adressé, a essayé de le magnétiser, et l'a endormi dès la première fois. Cet effet lui donnant quelque

Je trouve dans le même article de la Bibliothèque britannique un fait curieux et qui se rapporte trop évidemment au magnétisme pour que je n'en fasse pas mention.

M. Gerbi, professeur à Pise, décrivit, en 1794, sous le nom de *curculio antiodontalgicus*, un insecte auquel on attribue une propriété bien singulière. On prétend que si l'on broie une douzaine de ces insectes entre le pouce et l'index, jusqu'à

---

espoir de le guérir, il a voulu continuer le traitement, et il l'a logé chez lui. Dès le troisième jour l'enfant a senti dans ses oreilles un mouvement qui l'engageoit à y porter les mains. Le cinquième jour il a entendu avec surprise le son d'une petite cloche. Quelques jours après le bruit le fatiguoit tellement qu'on a cru devoir le magnétiser beaucoup moins, pour ne pas trop exciter la sensibilité.

Maintenant l'enfant entend lorsqu'on lui parle un peu haut. Il répète les mots qu'on lui prononce et le nom des choses qu'on lui a montrées; mais il n'attache encore point d'idée aux verbes ni aux adjectifs, et son dictionnaire n'est pas fort étendu. Il va à l'école, où il apprend à lire. Il connoît toutes les lettres de l'alphabet. Comme l'organe de la parole n'avoit jamais été exercé, il articule mal certaines consonnes. Il prononce R de la gorge, et confond presque D et L. Il rend bien le son des voyelles, seulement il dit OU au lieu de U.

Je ne sais si la surdité ne reviendra point : le fait est qu'elle a cessé depuis qu'on le magnétise. Il est certain qu'il ne devine pas les mots au mouvement des levres, car il entend fort bien lorsqu'on est placé derrière lui. Son magnétiseur n'a qu'à le toucher pour lui fermer à l'instant les yeux, et dans cet état de demi-sommeil son oreille paroît plus sensible.

Si l'on ne veut pas convenir que ce changement a été produit par le magnétisme, il faut l'attribuer au hasard. On ne peut supposer qu'il soit dû à l'imagination.

ce qu'ils aient perdu leur humidité, ce doigt conserve pendant un an la faculté de guérir la douleur de dents provenant de carie : il suffit pour cela d'en toucher le creux de la dent gâtée. Sur 629 personnes, 401 ont réussi. Plusieurs savans ont reconnu la même propriété à d'autres insectes coléoptères ; et M. Hirsh, dentiste de la cour de Weymar a assuré dans les papiers publics qu'il s'étoit servi avec succès de la *coccinella septempunctata* (1).

---

(1) On trouve dans le Jonrnal Physico-médical de Brugnatelli, tom. 7, une lettre de M. G. Carradori (datée du 30 septembre 1793), sur la vertu odontalgique de plusieurs insectes. Ce savant s'étant convaincu du succès des expériences faites avec le *Curculio* de M. Gerbi, a cherché si d'autres coleoptères n'avoient pas la même vertu, et il en a trouvé plusieurs qui la possédoient à un degré plus ou moins remarquable. Il a ensuite voulu découvrir la cause du phénomène, mais il n'a pu arriver qu'à des conjectures. « Si vous me demandez, dit-il, pourquoi ces insectes ont cette propriété, je vous répondrai que je l'ignore. Mais, d'après leur odeur, je présume qu'ils contiennent un principe volatil qui agit sur les nerfs. Je pense, ajoute-t-il plus bas, que ces effluves ont une vertu anodine qui modifie le système nerveux de manière à le rendre insensible au stimulus de la douleur. » Carradori ne paroît pas persuadé que les doigts conservent long temps la vertu que l'insecte leur a communiquée, quoiqu'il dise que plusieurs personnes ont cette opinion. Il pense même que le mieux est de toucher la dent immédiatement après avoir touché l'insecte. Ceci détruit en partie le merveilleux. Mais si cette explication est vraie, on a droit de s'étonner qu'un remède si simple et si facile étant connu, on n'en fasse pas usage toutes les fois que quelqu'un a mal aux dents ; car dans cette supposition la confiance de celui qui l'emploie n'influera en rien sur le succès.

Je suis bien éloigné de croire qu'un insecte puisse communiquer aux doigts une vertu curative ; mais celui qui en est persuadé touche avec volonté et confiance, et il réussit souvent, comme il m'est arrivé quelquefois de réussir dans des cas analogues, sans avoir jamais broyé entre mes doigts aucun insecte coléoptère (1).

---

(1) On sait que la douleur de dents provenant de carie n'est pas constante ; ainsi le magnétisme peut la dissiper pour un temps, quoiqu'il ne puisse en empêcher le retour. Au reste, j'ignore quelle est l'efficacité du magnétisme pour la guérison des maux de dents. Je n'ai fait que trois essais, dont un seul m'a réussi. Il me paroîtroit bien surprenant que sur 629 personnes on en eût guéri 401.

Je crois devoir traduire quelques passages du Mémoire de M. Gerbi. Les détails qu'il donne me semblent prouver que les guérisons obtenues par les moyens qu'il indique sont dues au magnétisme.

« La propriété que les doigts ont acquise par l'insecte se conserve environ un an : seulement on observe qu'elle s'affoiblit peu à peu à mesure qu'on touche un plus grand nombre de dents cariées. Ce phénomène paroîtra incroyable à ceux qui n'ont pas approfondi les lois de la nature : mais il n'en est pas moins vrai. C'est un fait confirmé par des expériences que j'ai répétées un très-grand nombre de fois dans l'espace de quatre ou cinq ans, en employant les précautions nécessaires pour détruire tout soupçon d'illusion. »

« La douleur cède quelquefois au premier attouchement, d'autrefois il faut toucher pendant huit ou dix minutes, et recommencer trois ou quatre fois pour l'adoucir considérablement ou pour la faire entièrement cesser. »

« La douleur étant enlevée, il faut toucher de nouveau deux ou trois fois pour en empêcher le retour. »

« La cessation de la douleur s'annonce ordinairement par un

Le rédacteur de la Bibliothèque britannique termine son article par une réflexion très-sage.

« Nous laissons à nos lecteurs, dit-il, le soin d'apprécier cette découverte. Nous ajouterons seulement qu'il est peut-être indiscret d'attribuer publiquement toutes ces guérisons au pouvoir de l'imagination, parce qu'il en est de ce remède comme de bien d'autres qui perdent leur efficacité au moment où ils sont connus. Sous ce

---

certain mouvement intérieur semblable à un léger picotement *vellicazione* qui se fait sentir à la dent et au doigt qui est en contact avec elle. »

« Un morceau de peau dans lequel on a écrasé des insectes produit le même effet lorsqu'on l'applique sur la dent avec le doigt, mais l'attouchement immédiat avec le doigt est encore plus efficace. »

« Toutes les espèces de maux de dents ne se guérissent pas ainsi, mais seulement les douleurs provenant de carie simple et qui sont les plus fréquentes. Si la carie provient d'un vice général des humeurs, la guérison n'est ni aussi facile ni aussi durable. »

« Souvent la douleur qu'on a guérie ne revient plus ; quelquefois elle revient après un intervalle plus ou moins long, et l'on est obligé d'avoir recours au même moyen. »

Il me semble que quand un homme qui est professeur de mathématiques dans une université célèbre s'exprime d'une manière si positive, on ne peut supposer qu'il se soit constamment trompé sur les faits qu'il a vus. Si les expériences ont été répétées depuis sans succès, cela ne prouve point qu'elles n'aient pas réussi à l'époque où M. Gerbi et plusieurs autres savans les ont attestées. Cela prouve seulement qu'elles n'ont plus été faites avec les mêmes conditions.

Le Mémoire de M. Gerbi, intitulé *Storia naturale d'un nuovo insetto* a été imprimé à Florence en 1794. On en trouve un extrait fort étendu dans les *Opusculi scelti di Milano*, t. XVIII, p. 94.

point de vue, il vaudroit peut-être mieux, pour l'avancement même de la science, contester à l'imagination cette influence, tant qu'elle n'est pas parfaitement démontrée lui appartenir ; chercher dans le contact, dans le galvanisme, dans des agens inconnus, une explication moins susceptible de rendre le remède inerte, et travailler dans le silence à en tirer parti pour le bien de l'humanité. »

# CHAPITRE VII.

*Lettre sur la seule explication satisfaisante des phénomènes du Magnétisme animal et du somnambulisme, déduite des vrais principes fondés dans la connoissance du Créateur, de l'homme et de la nature, et confirmée par l'expérience. Adressée à la société des amis réunis de Strasbourg, par la société exégétique et philantropique de Stockholm, et précédée d'un mémoire présenté à sa majesté le roi de Suède par la même société.* In-8°, 87 pag. 1788. D'après l'original imprimé à l'Imprimerie Royale de Stockholm.

———

Lorsque les hommes quittent la route de l'expérience pour s'élancer dans la carrière de l'imagination ; lorsqu'au lieu de recevoir la religion dans sa simplicité, et comme règle de conduite, ils veulent en faire servir les dogmes à l'explication des phénomènes naturels ; lorsqu'ils admettent comme vérités primitives des principes d'un ordre étranger à ceux que les sens nous font connoître, ils se perdent dans de vaines théories ; ils prennent pour des réalités les chimères qu'ils ont enfantées : les causes physiques leur paroissant une illusion, ils se créent un monde idéal ; et comme la raison n'est plus pour eux qu'un instrument secondaire, il est impossible de les ramener au vrai. Je n'entreprendrai donc point de réfuter les opinions exposées dans cette lettre ; il est inconcevable qu'elles soient adoptées par une société d'hommes instruits, et qu'elles aient passé de Suède dans d'autres pays, et même en France. Je me bornerai à faire connoître succinctement la théorie de la société exégétique, relativement au magnétisme, soit à cause de sa singularité, soit pour en écarter ceux qui seroient disposés à se livrer à ces rêveries mystiques.

Selon les auteurs de cette doctrine, ce qu'il y a de physique dans le magnétisme n'est que secondaire et instrumental ; ce qui en fait le principal est de l'ordre moral et spirituel.

Il y a deux manières de magnétiser, l'une physique, l'autre surnaturelle. Le principe qui donne de l'activité à la première, c'est le désir du magnétiseur d'opérer sur le malade, et la confiance qu'il a en lui-même : le principe de l'autre, c'est le même désir, mais soumis à la volonté de Dieu, dont le magnétiseur implore la bénédiction, si la guérison est conforme aux vues de la Providence, dans laquelle il met toute sa confiance. Le désir de l'un n'a en vue que le bien naturel ; l'autre a principalement en vue le bien spirituel, qui en est l'âme, et qui seul peut le rendre utile, les maux physiques étant la suite du mal moral.

L'homme, par l'usage qu'il fait de son libre arbitre, se dispose à recevoir des influences de vertu par les anges, ou de vice et de folie par les démons, et toutes les maladies sont la suite des influences que l'homme s'attire de l'enfer par ses passions déréglées. Il seroit contraire à l'honnêteté et à la charité de faire aucune application de ce principe aux individus.

La magnétisation est un acte dont le désir du magnétiseur pour le bien du prochain est le moteur, et dont l'effet est d'écarter l'influence des *esprits de maladie*. Il y a même quelque analogie entre le magnétisme et *l'imposition des mains*, dont le Seigneur accorda le don aux membres de son église du temps des apôtres, et dont la promesse semble n'être pas bornée aux premiers chrétiens, comme on le voit par les termes de cette promesse. *Ce sont ici les miracles qui accompagneront ceux qui auront cru ; ils imposeront les mains aux malades, et ceux-ci seront guéris.* Marc, XVI, 17-18.

Tant que les magnétisés ont des paroxismes douloureux, on voit que l'esprit de maladie est encore présent ; mais cet esprit ne peut parler par l'organe du malade. Ainsi, lorsque celui-ci devient somniloque, c'est la preuve qu'un esprit tutélaire a chassé l'esprit de maladie, ou qu'il a du moins dompté son influence, et c'est lui qui parle par l'organe du malade. Lorsque le mauvais esprit est chassé, il arrive souvent que des esprits de divers ordres, et plus éclairés les uns que les autres, se succèdent chez le somniloque, ce dont on peut s'instruire en demandant à chaque fois à l'interlocuteur le nom qu'il a porté de son vivant. Le somnambulisme est un état d'extase pendant lequel sont révélées des vérités plus ou moins sublimes que l'homme ne pourroit découvrir livré à lui-même et dans son état naturel.... » Je crois inutile de m'appesantir plus long-temps sur ce système, dont les membres de la société exégétique voient la preuve dans l'Ecriture, dans les discours des somnambules, et surtout dans les écrits de Swedemborg, qu'ils regardent comme inspiré de Dieu.

Je désire que mes lecteurs voient dans l'extrait que je viens de présenter une nouvelle preuve d'une vérité sur laquelle je ne saurois trop insister ; c'est que lorsqu'on occupe les somnambules d'idées métaphysiques, ils donnent dans toutes sortes d'extravagances, et que

le merveilleux que présente cet état peut conduire ceux qui l'observent aux conséquences les
plus absurdes, s'ils ne le regardent pas comme
une simple crise nerveuse, qui est dans l'ordre
naturel, et qui ne sauroit faire découvrir des
connoissances étrangères à celles que nous recevons par les sens.

M. J. G. Rosenmuller, professeur de théologie à Leipsick, a fait à la société exégétique
une réponse pleine de sagesse et de la dialectique la plus forte. Il lui démontre qu'elle interprète mal l'Ecriture ; que la doctrine qu'elle
professe est dénuée de fondement et contraire
à l'esprit du christianisme, et que les phénomènes du somnambulisme peuvent s'expliquer
par des causes physiques, sans qu'il soit nécessaire de recourir à des agens spirituels. *Voyez*
Lettre à la société exégétique et philantropique de Stockholm, concernant les phénomènes du magnétisme animal et du somnambulisme, traduite de l'allemand de J. G. Rosenmuller. Strasbourg, 1788. In-8°, 80 pag.

# CHAPITRE VIII.

*Philosophie divine, etc., par Keleph-Ben-Nathan, 3 vol. in-8°, 1793.*

Je viens d'exposer le système d'une société d'enthousiastes, qui regardent le magnétisme comme un acte religieux, et les somnambules comme des inspirés. Je crois devoir examiner aussi l'opinion de quelques hommes qui, par une piété scrupuleuse et mal entendue, donnent dans un excès opposé. Il est plus facile de ramener ceux-ci à des idées sages, parce qu'on a avec eux des bases communes pour le raisonnement.

C'est ce qui m'engage à dire un mot d'un ouvrage mystique, dans lequel, en reconnoissant la réalité du magnétisme, on le condamne comme une pratique superstitieuse.

L'auteur de cet ouvrage a pour but d'établir que la religion chrétienne est l'unique base de la philosophie, et qu'elle seule peut enseigner à l'homme les vérités qu'il lui importe de connoître. Il prétend que la lumière de la foi est la seule qui puisse nous éclairer, et que notre raison est sans cesse le jouet de nos passions et des illusions de notre imagination. Je

n'entreprendrai point d'examiner si son enthousiasme ne le pousse pas tantôt dans une exagération contraire à l'esprit du christianisme, tantôt
dans une crédulité qui va fort au-delà de ce que
l'église chrétienne nous présente comme vrai.
Je ne parle de son ouvrage que parce qu'il y a
une longue digression contre le magnétisme,
contre le somnambulisme et contre les illuminés.

Quant aux illuminés, l'auteur a raison de dire
qu'en voulant rappeler la vérité sainte, ils y
mêlent des *illuminations* incertaines, et même
dangereuses ; que les meilleurs d'entre eux ne
parlent qu'à l'esprit ; que ce n'est pas là cette
religion de la charité et du cœur, mais bien
plutôt la religion des cerveaux, etc., etc.

Venons au magnétisme. L'auteur le regarde
comme une pratique dangereuse, et il pense que
le somnambulisme est une source de superstitions ; que les lumières qu'il nous donne viennent des mauvais esprits ; qu'il est précisément
cette espèce de divination défendue dans l'Ecriture, et qui fut la cause de la proscription des
Chananéens, etc.

Je n'ai pas besoin de répondre à ces objections
pour les philosophes, même les plus persuadés
de la vérité de la religion chrétienne ; mais,
comme il est bon que le magnétisme soit également pratiqué par les hommes ignorans, simples

et pieux, je dois ici rassurer les consciences timorées, que de tels sophismes pourroient alarmer.

Tout ce qui est bien vient de Dieu, et l'ennemi de notre salut ne peut jamais coopérer au bien, si ce n'est à un bien apparent qui conduit à un mal réel.

Voulez-vous donc vous garantir de tout scrupule à cet égard, vous qui avez en horreur ce qui pourroit tenir à des superstitions que la religion condamne.

Lorsque vous voyez un malade que vous désirez soulager, commencez par prier Dieu de seconder vos intentions, et de vous donner la force de réussir ; rapportez tout à lui, et ne vous glorifiez point d'un pouvoir qui vous est donné à cause de votre confiance. Vous avez la certitude que l'esprit de ténèbres ne pourra prendre part à vos opérations.

Quant au somnambulisme, gardez-vous d'en faire un instrument pour satisfaire une vaine curiosité. Sachez que c'est l'Evangile, que c'est l'Eglise que vous devez consulter sur ce qui tient à la religion et à la morale. Bornez-vous à faire au somnambule les questions qu'un médecin fait à son malade, et avec des intentions pures vous ne serez pas trompé.

Un homme rempli de confiance en Dieu, agissant avec simplicité et sans enthousiasme, sera toujours un excellent magnétiseur.

Quelques théosophes condamnent le magnétisme comme un moyen qui n'est pas dans l'ordre de la Providence. Ils disent que « le magnétiseur « peut nuire à son malade, même en le guéris « sant, parce qu'il ne sait pas si sa maladie n'a- « voit pas un but moral qui devient nul par une « guérison anticipée ; que la médecine ordinaire « n'est pas dans le même cas, parce que les « remèdes qu'elle emploie sont des substances « inférieures qui agissent seulement sur la ma- « tière de l'homme, et qui deviennent nuls si la « maladie a une cause morale. » C'étoit l'opinion de M. de Saint-Martin. (*Voyez* le Ministère de l'Homme Esprit, p. 354.) Je n'entreprendrai point de la réfuter, parce qu'elle n'est pas fort répandue. Je me borne à dire que le sentiment de la pitié nous a été donné par le Créateur, et que c'est ce même sentiment qui nous porte à nous approcher d'un être souffrant, à compatir à ses maux, à le serrer dans nos bras, à tâcher de le réchauffer, à faire des frictions sur les parties qui éprouvent de la douleur, et que cette action naturelle devient le magnétisme, lorsque celui qui l'exerce a l'espoir de réussir, et qu'il met de la suite dans les procédés qu'il emploie.

# CHAPITRE IX.

*Nouvelles considérations puisées dans la clai-voyance instinctive de l'homme, sur les oracles, les sibylles et les prophètes, et particulière-ment sur Nostradamus, etc., par Théodore Bouys. Paris, 1806. 1 vol. in-8', 599 p.*

Il y a dans ce singulier ouvrage des observations intéressantes, des recherches curieuses, des rapprochemens ingénieux, et les preuves du magnétisme et de cet état de somnambulisme que l'auteur nomme clairvoyance instinctive y sont présentées avec une force remarquable. Il est malheureux que tant de bonnes choses se trouvent perdues au milieu d'un labyrinthe d'idées inadmissibles. Ni la théorie du magnétisme, ni les effets qu'il produit, ni l'usage qu'on en doit faire, n'ont rien de commun avec les oracles des sibylles, les centuries de Nostradamus, et les prédictions de Bernardine Renzi. L'auteur auroit dû sentir que les opinions auxquelles il s'est attaché, si démontrées qu'elles lui paroissent, seroient absurdes aux yeux des autres, et qu'en les associant à la doctrine du magnétisme il couroit risque de faire regarder cette doctrine comme opposée à la raison et nuisible aux progrès de l'esprit humain.

Toutefois en rejetant les exagérations de l'auteur, l'interprétation bizarre qu'il donne de quelques prophéties énigmatiques, les prodiges qu'il admet et les conséquences qu'il en tire, il faut convenir qu'on trouve dans son système des aperçus dignes d'attention, et qui peuvent conduire à expliquer d'une manière naturelle plusieurs faits extraordinaires (1). Ainsi je regarde comme très-probable que les sibylles et les prétendus prophètes ou voyans des anciens étoient des crisiaques assez semblables aux somnambules mal dirigés. Dans cet état de crise, qui est une maladie nerveuse, leur imagination exaltée les rendoit capables d'apercevoir des rapports éloignés, et de s'exprimer dans un langage métaphorique, que ceux qui les écoutoient interprétoient à leur gré. Mais, comme je crois l'avoir prouvé, cet état de crise ne leur donnoit

---

(1) Ses considérations sur l'histoire de la Pucelle d'Orléans sont un morceau extrèmement curieux. M. Bouys va trop loin sans doute : mais il rend vraisemblable que l'héroïne française étoit habituellement dans un état de crise nerveuse qui lui donnoit ces facultés surprenantes si souvent observées depuis chez les somnambules magnétiques. Cette hypothèse fait rentrer dans l'ordre naturel des événemens trop bien attestés pour qu'on puisse les nier, et trop merveilleux pour qu'on réussisse à les expliquer autrement sans avoir recours à des miracles.

nullement la faculté de lire dans l'avenir, ni celle de prédire les évènemens futurs autrement que par la combinaison des effets que devoient produire les événemens présens (1).

La prévision des événemens dépendans d'une complication de causes morales seroit inutile si elle n'étoit pas impossible : car pour qu'on pût les prévoir avec certitude, il faudroit qu'ils dussent nécessairement avoir lieu, et alors comment les empêcher. S'il est en votre pouvoir de les prévenir, ce pouvoir peut appartenir à un autre : ce seroit donc toujours une sottise de se fier aux prédictions. Ajoutez qu'en supposant que certaines crises nerveuses puissent développer dans un individu la faculté incompréhensible de lire dans l'avenir, cette faculté peut cesser tout à coup, ou être troublée lorsqu'on la dirige sur des objets qui ne se présentent pas naturellement à l'esprit du crisiaque ; et, dans ce cas, quel seroit le moyen de distinguer le délire de l'imagination des inspirations de la nature ?

Si, comme je le crains, on veut encore voir des prophètes dans les somnambules ; si on applique le magnétisme à autre chose qu'à la gué-

---

(1) Ceci établit une différence essentielle entre les crisiaques et les prophètes inspirés de Dieu, qui ont annoncé la venue du Messie et les malheurs de Jérusalem.

rison des maladies, si on l'associe à une philosophie occulte, on peut être sûr que les gens sensés dédaigneront de s'en occuper, et que, livré aux hommes d'une imagination ardente et détourné de son véritable but, il fera beaucoup plus de mal que de bien. Est-il possible qu'une chose si simple, si utile, si facile à vérifier et à pratiquer, nous expose à retomber dans des erreurs dont le progrès des lumières sembloit nous avoir délivrés pour toujours.

Au reste, l'auteur de cet ouvrage est un homme estimable par son caractère et par ses intentions ; on lui reconnoît même un esprit distingué. Il est fâcheux qu'il ait quitté la route de l'observation pour se jeter dans des idées illusoires. Je n'entreprendrai point de le réfuter. Toute réfutation est inutile vis-à-vis de ceux qui ont adopté ce genre d'idées. Un bon esprit ne peut s'égarer en histoire naturelle, en physique, en mathématiques. S'il se livre à une hypothèse, il la prend pour ce qu'elle est ; il est bientôt ramené au vrai par l'observation, l'expérience et le calcul. Mais lorsqu'on sort du domaine de la nature pour entrer dans un monde idéal, ni les lumières acquises, ni la justesse du raisonnement ne peuvent garantir de l'erreur. Il suffit d'un principe chimérique pour conduire dans toutes sortes d'illusions, et la fausseté du principe ne peut se démontrer.

# CHAPITRE X.

*La vérité des miracles opérés à l'intercession de M. de Páris, et autres appelans, par M. Carré de Montgeron. In-4°, 1736.*

En proposant quelques réflexions sur les évènemens merveilleux racontés dans cet ouvrage, je ne prétends point combattre l'opinion de ceux qui sont persuadés que Dieu a exaucé leurs prières, lorsque, avec des intentions pures, ils lui ont demandé leur propre guérison ou celle d'un autre malade. De telles faveurs ne sont point des miracles, parce qu'en les accordant la Providence les fait naître des causes physiques, sans rien changer à l'ordre de la nature. Si ceux qui les ont obtenues y voient une preuve de la pureté de leur foi, cette preuve est de sentiment, et ne sauroit être convaincante pour les autres.

Les controverses qui ont divisé le clergé de France pendant plus d'un siècle ne sont point de mon ressort ; mais je reconnois que le parti auquel on a donné le nom de janséniste a offert depuis les premiers solitaires de Port-Royal jusqu'à nos jours une succession d'hommes dont on doit admirer les lumières, honorer les mœurs et respecter le caractère. Si l'attachement à leurs opinions et le désir de leur faire des prosélytes ont pu égarer le jugement de plusieurs personnes, jamais ceux qui ont professé leurs principes ne se sont crus autorisés à les soutenir par un mensonge.

Lorsqu'un recueil de faits a pour but d'établir une doctrine, les ennemis de la doctrine les rejettent avec d'autant plus de mépris qu'ils leur paroissent plus inexplicables. Ils se refusent à tout examen, par la crainte des conséquences, et ils se bornent à dire que puisque la doctrine est fausse, les preuves le sont aussi.

Le livre de M. de Montgeron n'est aujourd'hui lu que par ceux qui croient que Dieu a voulu rendre témoignage à la sainteté du diacre Pâris ; les autres le citent comme un exemple de l'aveuglement que la superstition peut produire, et des égaremens dans lesquels elle peut entraîner. Ils vont plus loin : après avoir décidé qu'il ne contient rien de vrai, ils s'en servent pour attaquer la validité des témoignages humains, qui sont l'unique base de l'histoire. Cet ouvrage mériteroit cependant l'attention des philosophes ; car, en supposant que les faits soient faux, il seroit important de discuter pourquoi ils présentent les caractères de la certitude, et de montrer comment il a pu arriver que l'illusion fût portée à ce degré.

Il me semble que, dans la relation des miracles du diacre Pâris, il faut distinguer trois choses, 1° les faits en eux-mêmes ; 2° les circonstances qui accompagnent ces faits ; 3° les conséquences qu'on en a tirées.

Pour se mettre en état de prononcer sur les faits, la première condition est de se dépouiller de tout préjugé, et de ne point penser aux conséquences. On doit les discuter soigneusement et les admettre ou les rejeter, selon la validité des preuves dont ils sont revêtus.

Dans les circonstances qui les accompagnent il faut discerner celles qui ont pu être mal présentées, et distinguer celles qui sont essentielles de celles qui ne le sont pas.

Quant aux conséquences, il faut examiner si elles découlent nécessairement des faits ; et, à cet égard, on ne sauroit pousser trop loin la défiance de ses lumières.

Arrêtons-nous un moment sur ces trois considérations.

Les faits se prouvent par les témoignages, et nous avons donné plus haut les règles d'après lesquelles on doit estimer la valeur des témoignages.

Dans une dissertation sur les miracles, Hume établit fort bien que lorsqu'un fait est en contradiction avec ce qui a été reconnu par l'expérience de tous les temps, l'attestation d'un grand nombre d'hommes est insuffisante pour le faire admettre. Mais il y a dans cette dissertation un paralogisme par lequel l'auteur est conduit à des conséquences qui ne sauroient jamais être applicables.

Sans doute si mille témoins attestoient une chose absurde ; par exemple qu'ils ont vu une magicienne faire descendre la lune du ciel, il ne faudroit pas les en croire ; mais un cas pareil ne peut jamais se présenter. Pourquoi la réunion d'un certain nombre d'hommes désintéressés forme-t-elle une preuve solide, c'est qu'il est impossible qu'ils attestent une chose fausse. « Si tous les historiens, dit Hume, s'accordoient à soutenir que la reine Elisabeth mourut le 1<sup>er</sup> janvier 1600, et qu'ayant été vue avant et après sa mort, elle ressuscita au mois de février, et se mit en possession du trône, je ne le croirois pas. » Mais tous les auteurs contemporains ne peuvent s'accorder à donner comme authentique un fait de cette nature. Il est donc inutile de chercher ce qu'il faudroit croire dans une telle circonstance.

Si un fait contraire à l'ordre naturel étoit

prouvé aussi bien qu'il l'est que Louis XIV a fait bâtir le château de Versailles, il faudroit bien se décider à l'admettre : ce seroit un miracle, et alors la possibilité du fait dans l'ordre naturel ne feroit rien au motif de ma croyance. Toute discussion relative aux miracles rentre dans l'ordre théologique, et l'on ne doit jamais mêler les matières de foi aux discussions philosophiques.

M. Hume rapporte, d'après le cardinal de Retz, l'histoire de cet homme de Saragosse qui avoit perdu une jambe et qui l'avoit recouvrée ; mais comment et par qui ce prodige est-il attesté ? On persuade à la multitude tout ce qu'on lui raconte de merveilleux. Si l'homme dont il est question a dit qu'il avoit recouvré sa jambe, le peuple l'aura cru. Il est même facile de supposer que l'homme à qui il manquoit une jambe étant mort, ou ayant quitté l'Espagne, un autre homme se soit donné pour lui, et si un seul des habitans de Saragosse a cru le reconnoître, cent autres, mille autres auront bientôt affirmé que c'étoit lui-même (1), il n'y a en cela rien que

_______________

(1) Je prends ici l'anecdote rapportée par le cardinal de Retz dans le sens où M. Hume paroît l'avoir entendue ; mais il n'est point clair que ce soit celui de l'auteur. « On me montra dans l'église de Nostra Senora del Pilar, dit le cardinal, un homme

de très-naturel. Mais que des hommes éclairés soutiennent avoir vu l'homme recouvrer sa jambe, cela ne se peut pas. L'histoire n'offre aucun exemple d'un événement absurde qui soit attesté par un grand nombre de témoins dignes de foi (1).

Les faits recueillis dans l'ouvrage de M. de Montgeron ne sauroient être comparés à l'anec-

---

« qui servoit à allumer les lampes, et l'on me dit qu'on l'avoit vu « sept ans à la porte de l'église avec une seule jambe : je le vis avec « deux...... Il avoit recouvré sa jambe en se frottant de l'huile « de ses lampes, à ce qu'il disoit. » (Mém., III<sup>e</sup> partie.) Il me semble que l'expression *avec une seule jambe* ne doit pas être prise au propre, et qu'elle signifie avec une seule jambe dont il pût se servir, et que *en se frottant d'huile* veut dire, en frottant d'huile la jambe percluse. Dans cette supposition, le fait pourroit être vrai sans qu'il y eût rien de miraculeux.

(1) On trouve dans les historiens du moyen âge la relation de prodiges qui ont été vus par toute une armée. Des anges ou des saints se sont montrés dans les airs ; d'autres sont venus se mettre à la tête des combattans ; des signes extraordinaires ont paru dans les cieux ; des voix se sont fait entendre, etc. On sait jusqu'où peut aller la crédulité de la multitude dans un moment d'agitation et d'enthousiasme. Qu'une voix s'écrie : Voyez-vous ce guerrier céleste qui vient à notre secours, mille autres répondront je le vois, et le lendemain mille hommes croiront l'avoir vu. Des chefs habiles ont su souvent profiter de cette disposition ; mais je crois qu'il seroit difficile de citer des faits de cette nature qui aient été attestés par des témoins oculaires, et surtout par des hommes éclairés. Ils les rapportent toujours sur des bruits populaires, ou bien on reconnoît qu'ils ont été dupes d'une supercherie.

dote racontée dans les mémoires du cardinal de
Retz ; ils sont revêtus de toutes les preuves imaginables. Hume, qui donne un résumé de ces
preuves, en convient lui-même (1). Si on les
rejette, on ébranle tous les fondemens de la
physique et de l'histoire ; il n'y a plus au monde
que les vérités mathématiques qui puissent être
reconnues.

---

(1) « Plusieurs de ces miracles, dit Hume, furent prouvés immédiatement sur les lieux, devant des juges d'une intégrité indubi-
table, et attestés par des témoins accrédités, par des gens de distinction, dans un siècle éclairé, et sur le théâtre le plus brillant
qu'il y ait actuellement dans l'univers. Il y a plus : la relation en
ayant été publiée, les jésuites, société des plus habiles, soutenus
par le magistrat, et ennemis déclarés des opinions en faveur desquelles ces miracles passoient pour avoir été opérés, ne furent jamais en état de les réfuter parfaitement, ni d'en déceler l'imposture. Où trouver ailleurs une si prodigieuse quantité de circonstances qui concourent pour la confirmation d'un fait ? Et qu'opposer à cette nuée de témoins, si ce n'est l'impossibilité absolue, c'est-
à-dire la nature miraculeuse des évènemens qu'ils attestent. »

Quelques pages plus haut, Hume avoit dit : « On ne trouve pas
dans toute l'histoire un seul miracle attesté par un nombre suffisant
de témoins d'un bon sens, d'une bonne éducation et d'un savoir
généralement reconnu......, et dont le témoignage roule sur des
faits arrivés d'une manière assez publique, et dans une partie du
monde assez célèbre pour qu'on n'eût pu manquer d'en découvrir
l'abus. »

Il me semble qu'en mettant en question si les événemens rapportés dans le livre de M. de Montgeron étoient des miracles, Hume
se seroit épargné une singulière contradiction.

Quant aux circonstances qui accompagnent ces faits, elles dépendent souvent du choix des expressions employées par le narrateur ; elles peuvent être fort exagérées, ou détachées d'autres circonstances, qui, si on ne les avoit pas omises, auroient expliqué ce qu'il y a de plus surprenant ; elles peuvent être étrangères au fait principal. C'est à la critique à séparer ce qui est douteux, à rectifier ce qui est exposé sous un faux jour, à suppléer, par la comparaison des accessoires connus, à ceux qu'on a négligé d'observer, et à n'admettre que ce qui est rigoureusement prouvé.

Maintenant si l'on passe aux conséquences qu'on a tirées de ces faits, c'est autre chose, et l'autorité n'a plus de poids.

Lorsque nous observons les faits, c'est avec nos sens qui nous ont été donnés pour nous diriger, et qui ne nous trompent jamais, à moins que nous ne voulions aller au-delà de leur témoignage. Rassemblez cent, mille, dix mille hommes, tous verront de même si le ciel est clair ou nébuleux, si la campagne est couverte ou dépouillée de verdure, tous entendront également si on leur parle, tous sentiront s'il fait froid ou chaud, tous reconnoîtront les personnes avec lesquelles ils ont l'habitude de vivre, etc. Mais lorsqu'il s'agit de tirer des conséquences, les hommes ne s'accordent plus : chacun raisonne d'après ses opinions, ses préjugés, ses habitudes, ses craintes, ses espérances. Il y a une différence prodigieuse entre les hommes qui ont exercé leur raison et ceux qui ne sont pas accoutumés à réfléchir, entre les gens instruits et les ignorans. Souvent même ceux qui sont le plus éclairés n'ont pas toute la droiture d'esprit nécessaire pour parvenir à la vérité.

Ainsi, quand on a admis des faits, il faut soumettre à une nouvelle révision les conséquences qui en ont été tirées, et le sage ne prétendra jamais que son opinion doive déterminer celle des autres, parce qu'il sait qu'il peut se tromper comme eux. Les faits sont dans le domaine de la certitude, la doctrine dans celui des conjectures.

Les jansénistes ont pensé que les guérisons opérées sur le tombeau du diacre Pâris étoient des miracles dus à son intercession. Pour faire adopter aux autres cette pieuse croyance il eût fallu démontrer d'abord que ces guérisons étoient au-dessus des forces de la nature : or, toutes les décisions à ce sujet ne sont que la suite d'une opinion. Nous savons bien qu'un organe détruit ne peut être rétabli, et qu'un homme à qui l'on a amputé le bras ne le recouvrera jamais, ni par l'action de la nature, ni par le secours d'aucun remède ; mais les guérisons qui oht eu lieu sur le tombeau du diacre Pâris ne sont point de ce genre. Quoiqu'il soit très-vraisemblable qu'on ne les auroit pas obtenues, du moins aussi promptement, par la médecine ordinaire, il n'est nullement prouvé qu'elles excèdent les ressources de la nature , et qu'elles ne sont pas la suite d'une révolution excitée par une cause qu'on n'a point encore aperçue. Le seul moyen de pénétrer cette cause est de chercher si des phénomènes semblables n'ont pas été vus dans d'autres circonstances. Alors , après les avoir constatés , nous excluerons les causes qui n'ont pu avoir lieu que dans tel ou tel cas, parce que celles-là ne sauroient être essentielles ; mais s'il s'en trouve une qui s'offre partout la même , nous regarderons comme très-probable que c'est elle qui a produit les effets, ou que du moins elle a concouru à les produire.

Les guérisons opérées sur le tombeau du diacre Pâris seroient justement regardées comme la preuve de la doctrine des jansénistes, si l'on n'en avoit pas vu de semblables en d'autres temps et d'autres lieux ; mais on sait assez que toutes les sectes se sont prévalues de prétendus miracles. Il ne reste donc qu'à nier les faits, ou à dire qu'ils sont dus à une cause qui est restée la même , malgré la diversité des opinions religieuses. Or, que trouvons-nous partout? une foi vive et une volonté forte dans ceux qui conseil- loient les moyens dont on a fait usage, un aban- don de confiance dans ceux qui les employoient, et même une analogie dans les circonstances qui ont précédé ou suivi les effets.

Ceux qui ont voulu combattre le magnétisme n'ont pas manqué de faire observer qu'il y avoit un rapport singulier entre ce qu'on voyoit au baquet de M. Mesmer et ce qui s'étoit passé sur le tombeau du diacre Pâris. Si l'on en convient, et qu'on se soit convaincu par l'expérience de la réalité du magnétisme, ce qui a été présenté comme une objection deviendra une preuve, et l'on soupçonnera que des phénomènes sem- blables sont dus au même agent. Cette conjecture acquerra plus de probabilité, si, en admettant la théorie des magnétiseurs, on compare les moyens employés dans l'un et l'autre cas et les effets qu'ils ont dû produire (1).

---

(1) Le parallèle entre les cures opérées sur le tombeau du diacre Pâris, et celles opérées au baquet de M. Mesmer, et dans les traite- mens de Busancy, de Lyon, de Beaubourg, a été fort bien établi dans un ouvrage contre le magnétisme, intitulé *le Colosse aux pieds d'argile.* Les faits analogues y sont rapportés sur deux co- lonnes, et la comparaison des circonstances montre l'identité de l'agent. L'auteur attribue tout à l'imagination ; mais dans l'un et

Rassemblez dans un même lieu plusieurs malades : qu'un homme bien convaincu qu'il a le pouvoir de les guérir s'approche d'eux, qu'il fasse usage de sa volonté, bientôt le fluide magnétique sera mis en action, et une fois que cela aura lieu, il se propagera d'une manière surprenante, et produira toutes les crises qu'on a vues au baquet de M. Mesmer. Bien plus, cette action magnétique se concentrera dans le lieu où l'on se réunit, tellement que les personnes susceptibles n'auront besoin que d'en approcher pour en être affectées. Les objets même qui sont dans ce lieu pourront s'imprégner tellement de la vertu magnétique, qu'ils deviendront un ferment propre à la développer dans les lieux où on les transportera. Qu'arrivera-t-il encore ? Si cette action magnétique n'est pas convenablement dirigée, elle excitera chez certains individus des crises nerveuses, des convulsions ; elle affectera l'imagination de quelques autres, et elle produira en général des effets désordonnés : c'est ce qu'on a vu sur le tombeau du diacre Pâris. L'intercession du saint n'auroit pas été moins efficace quand on l'auroit invoqué loin de son tombeau ; mais ici tout cesse lorsque le cime-

---

l'autre cas, quelle est la cause qui a pu communiquer cette puissance à l'imagination. *Voyez* ci-dessus, section I, chap. V. §. X.

tière de Saint-Médard est fermé, parce que le centre d'action n'existe plus ; ou, s'il opère encore quelques guérisons, comme celle de mademoiselle Guélon à Troyes, nous ignorons si la personne qui prenoit soin d'elle, et qui l'a engagée à faire une neuvaine, n'a pas favorisé la crise de la nature par l'influence de sa foi et de sa volonté (1).

Si l'on examinoit d'après les mêmes vues la plupart des guérisons surprenantes rapportées dans les historiens, je crois qu'on les trouveroit fréquemment accompagnées des circonstances qui sont les conditions essentielles du magnétisme. Quelquefois même on y reconnoîtroit les précautions et les procédés qu'emploient les magnétiseurs. Je vais en citer un exemple.

Tacite, qu'on n'accusera pas de crédulité, rapporte que Vespasien étant à Alexandrie, deux hommes, l'un aveugle, l'autre perclus d'une main, supplièrent cet empereur de les toucher pour les guérir, et que la guérison eut lieu en présence d'un grand nombre de témoins, qui continuent à l'attester, quoiqu'ils ne puissent y trouver aucun intérêt. La manière dont s'exprime Tacite prouve qu'il n'en doutoit pas lui-

_______________

(1) Relation de la guérison miraculeuse de mademoiselle Guélon de Troyes. Paris, in-12, 1785, 66 pages.

même, et il est important d'examiner les circonstances de sa narration.

Lorsque ces deux hommes prièrent Vespasien de les toucher, il s'y refusa d'abord ; mais ensuite il consulta les médecins pour savoir d'eux si de telles infirmités étoient de nature à pouvoir être guéries. Les médecins dirent que l'organe de la vision n'étoit pas détruit dans l'un, et que le mouvement pouvoit être rendu à la main de l'autre si l'on employoit une force salutaire. *Huic non exesam vim luminis, et redituram si pellerentur obstantia ; illi elapsos in pravum artus, si salubris vis adhibeatur, posse integrari* (1) ; et cette décision détermina Vespasien à faire usage de sa puissance.

Il me semble que si Vespasien eût cru à la possibilité d'un miracle, d'après l'avis que ces deux malades prétendoient avoir reçu du dieu Sérapis, il lui eût été indifférent que la maladie fût curable ou non par les moyens naturels. Il me semble encore que, dans le cas où il auroit cru ne pouvoir réussir, il étoit inutile de consulter les médecins. Il devoit continuer à refuser ce qu'on lui demandoit, ou s'il y consentoit pour se délivrer de l'importunité de ces malheureux,

---

(1) Tacite, Hist. lib. 4.

il n'avoit pas besoin de savoir à quel point leur maladie étoit grave. Il pensoit donc qu'il pourroit les guérir, mais seulement dans le cas où cette guérison ne seroit pas au-dessus des forces de la nature, où il suffiroit de détruire un obstacle et d'employer une force salutaire. *Si pellerentur obstantia, si salubris vis adhibeatur.* Un magnétiseur sage auroit eu la même opinion, et se seroit conduit de la même manière.

De ce que je viens de dire je crois pouvoir conclure,

1° Que les guérisons obtenues sur le tombeau du diacre Pâris sont réelles, en retranchant toutefois quelques exagérations qu'il faut attribuer à l'enthousiasme de ceux qui les ont observées;

2° Que ces guérisons ne doivent point être regardées comme des miracles, parce qu'il n'est nullement prouvé qu'elles soient au-dessus des forces de la nature ;

3° Que, malgré la considération due à ceux qui ont attesté les faits, on ne sauroit voir dans ces faits une preuve de la vérité de leur doctrine ;

4° Que des phénomènes semblables ayant eu lieu dans les premiers traitemens publics du magnétisme, on est fondé à supposer que les uns et les autres sont dus au même agent;

5° Enfin ; que les circonstances connues présentant une analogie remarquable , il est très-probable que cette analogie s'étendroit plus loin si des observateurs exempts de prévention avoient recueilli les détails essentiels , comme Tacite l'a fait pour Vespasien.

## CHAPITRE XI.

*Du témoignage de plusieurs auteurs célèbres sur le phénomène le plus merveilleux du som-nambulisme.*

Tous les observateurs du magnétisme sont convaincus que le développement d'un sens intérieur peut donner la faculté de prévoir certains événemens, et d'apercevoir des objets éloignés.

Au mépris qu'on a répandu sur cette opinion, on diroit qu'elle est absolument nouvelle, ou qu'elle n'a jamais été soutenue que dans les temps d'ignorance, et par des hommes d'une crédulité aveugle et d'une imagination déréglée. Cependant les écrits des historiens, des philosophes et des médecins offrent un grand nombre de faits qui tendent à l'établir. En lisant ces faits avec un esprit de critique on peut douter de quelques circonstances, on peut rejeter les conséquences et les explications, mais on est forcé de reconnoître qu'ils ne sauroient être entièrement faux.

L'autorité des anciens philosophes est nulle

dans l'explication des phénomènes dont la théorie appartient à des sciences qu'ils ne connoissoient pas. Le génie ne sauroit deviner la nature ; il peut seulement rapprocher les faits, et saisir entre eux des rapports qui échappent au vulgaire. Mais dans ce qui est indépendant du progrès des sciences et du secours des instrumens, dans ce qui tient immédiatement à l'observation, on doit consulter leur témoignage. On sait combien de fois on a reconnu la vérité de certaines choses qu'ils avoient avancées et qu'on avoit depuis reléguées au rang des fables.

Le secours de nos instrumens n'étant pas nécessaire pour analyser les phénomènes qui tiennent au moral de l'homme, les anciens en ont peut-être saisi l'enchaînement aussi bien que nous ; ils les examinoient avec attention et ils en rendoient compte avec d'autant plus de simplicité qu'ils ne croyoient pas au-dessous d'eux d'admettre ce qu'ils ne pouvoient comprendre. Lorsqu'ils essayoient d'en pénétrer la cause, ils sentoient eux-mêmes l'insuffisance de leur théorie, et c'est une preuve qu'ils étoient convaincus de la réalité des faits. Si l'on a droit de rejeter ce qu'ils rapportent sur des ouï-dire, on ne sauroit nier de même ce qu'ils ont directement observé. Cette considération est importante dans le sujet qui nous occupe.

Non-seulement on trouve dans les écrivains les plus distingués de l'antiquité un grand nombre de faits analogues à ceux que présente le magnétisme, mais encore des opinions qui ont leur source dans les phénomènes qu'il produit, et dont ils n'ont poussé trop loin les conséquences que parce qu'ils en ignoroient la véritable cause.

Ainsi tout ce qu'ils ont dit de la faculté qu'ont quelques personnes, soit pendant le sommeil, soit dans certaines maladies, de pressentir les événemens futurs, est semblable à ce que nous voyons tous les jours chez les somnambules. Ce phénomène leur paroissoit très-surprenant : chacun en cherchoit l'explication dans le système de philosophie qu'il avoit adopté, mais aucun n'a élevé le moindre doute sur son existence. Je n'invoquerai point l'autorité de ceux que leur génie a transportés dans un monde idéal comme Platon. Mais Aristote, Hippocrate, Xénophon, Arétée, Galien, n'étoient pas des hommes à préjugés, ils n'étoient pas dominés par leur imagination : ils avoient observé en naturalistes, en médecins, en philosophes, et ils sont tous d'accord sur ce point.

Après l'établissement de l'école d'Alexandrie, les mêmes phénomènes donnèrent lieu à des doctrines mystiques, et les philosophes éclectiques se perdirent dans les abstractions. Comme ils furent presque tous des hommes d'une imagination vive, on doit se méfier d'eux lors même que leur conviction repose sur des faits qu'ils ont vus fréquemment et dont ils croient avoir examiné toutes les circonstances.

Dans le moyen âge, la superstition, l'ignorance et la crédulité s'opposoient à l'exactitude de l'observation, et quoique les auteurs de cette époque aient raconté naïvement des faits qui mériteroient d'être soumis à la critique, on ne doit pas trop compter sur leur témoignage.

Mais depuis la renaissance des lettres, depuis que les sciences ont pris une marche méthodique et se sont appuyées sur l'expérience, on trouve un grand nombre de philosophes et de médecins qui, malgré leur éloignement pour le merveilleux, se sont vus forcés de reconnoître des faits semblables à ceux qu'avoient rapportés les anciens, et que le magnétisme reproduit fréquemment aujourd'hui. L'opinion d'Arétée (1), que dans les maladies nerveuses et surtout aux approches de la mort il se manifeste quelquefois une prévision étonnante, a même été assez généralement adoptée, et elle a fait le sujet de plusieurs dissertations médicales dont les auteurs étoient fort éloignés de donner dans la supers-

_______________

(1) *De signis et causis acutorum morborum.* Lib. II, cap. 1.

tition et de voir quelque chose de surnaturel dans ce phénomène.

Parmi ces dissertations je me contenterai de citer celle de M. S. Th. Quellmatz, *de divinationibus medicis*, Freib. 1723 ; celle de G. G. Janitsch, *de somniis medicis*, Argentorati, 1720, et celle de Mich. Alberti, *de vaticiniis ægrotorum*, Hal. 1724 (1). Ces auteurs admettent que les malades prévoient quelquefois plusieurs jours à l'avance les crises qu'ils doivent avoir, et qu'ils pressentent les remèdes qui leur conviennent. Ils ne voient en cela aucune connoissance innée ni révélée, mais seulement une combinaison nouvelle des idées acquises par les sens, et conservées dans la mémoire.

On connoît l'histoire rapportée par Sauvages de deux jeunes filles domestiques, qui, habitant des maisons différentes, s'annonçoient quatre jours à l'avance les paroxismes de leurs maladies, et l'on ne dira pas que Sauvages étoit disposé à croire ce fait avant d'en avoir bien observé toutes les circonstances (2).

M. de Sèze, dans ses *Recherches sur la sensi-*

---

(1) Je n'ai pas lu la dissertation d'Alberti ; mais on m'a dit qu'on y trouvoit des observations curieuses. Il y en a une autre sous le même titre de *Francus de Frankenau*, Heidelb. 1675.

(2) *Nosol. Method.* tom. IV, p. 398.

*bilité* (1) , p. 294, regarde comme incontestable que , lorsque certaines maladies augmentent
l'action du cerveau , il s'y forme non-seulement
des images, nouvelles , mais encore des idées qui
représentent l'avenir. Il ne croit point qu'on
puisse parvenir à cet état en exaltant son âme :
il pense comme Arétée que cela n'a lieu que
par un dérangement organique du cerveau ,
et par une accumulation de toutes les forces
dans cet organe : ce qui, selon lui, n'arrive guère
que dans l'extase, la frénésie et l'apoplexie idio-
pathique (2).

Enfin , de nos jours, M. Cabanis , dont je suis
loin d'adopter les opinions métaphysiques , mais
qui avoit observé la nature en médecin fort
ennemi des préjugés , reconnoît les phénomènes
dont j'ai fait mention et les explique par sa
théorie physique (3).

Les philosophes qui ont examiné et comparé
des faits sans vouloir les plier à un système ont

______

(1) Recherches physiologiques et philosophiques sur la sensibilité
ou la vie animale, par M. de Sèze, docteur en médecine de l'université de Montpellier , in-8°, 1786.

(2) Si M. de Sèze eut observé le magnétisme, il auroit vu que
le même phénomène étoit souvent produit par d'autres causes et
dans d'autres circonstances.

(3) Rapports du physique et du moral de l'homme, tom. II,
pag. 61 et 62, et pag. 522.

jugé de la même manière. Je me bornerai à citer le témoignage de celui qui a tracé la route pour parvenir à la connoissance de la vérité. Bacon, en parlant de la divination, rejette à cet égard les préjugés des anciens, mais il reconnoît le phénomène de la prévision dans certaines maladies. Il ne présente que comme des hypothèses les explications qu'on a données de ce fait ; mais sur le fait en lui-même il s'exprime d'une manière positive. « La divination naturelle, dit-il, se remarque surtout dans les songes, dans les extases et aux approches de la mort ; elle est plus rare pendant la veille et lorsque le corps jouit des forces et de la santé. Cet état de l'esprit est favorisé par les abstinences, et par tout ce qui, en détournant l'âme des soins du corps, la laisse jouir sans distraction de ses facultés. » *Divinatio nativa optimè cernitur in somnis, extasibus, confiniis mortis*, etc. Bacon de augm. sc. lib. IV, cap. 2; ed. in-4°, t. IV, p. 120.

Je pourrois accumuler ici les citations ; mais je n'aime point à citer les livres que je n'ai pas sous les yeux. Au reste, ceux que j'ai indiqués renvoient à d'autres que pourront consulter les personnes qui désireront se procurer des renseignemens plus étendus.

La vision des objets éloignés est moins incompréhensible que la prévision ; car l'avenir n'existant point encore, notre âme ne peut le connoître que par induction. Il est facile de recueillir dans l'histoire des exemples de ce phénomène : je me souviens d'en avoir lu plusieurs ; mais n'ayant pas alors le dessein d'écrire sur ce sujet, je n'en ai pas gardé de note. Je me contenterai d'en citer un seul, pris dans un ouvrage écrit avec une extrême naïveté, et dont l'auteur n'avoit aucun intérêt à en imposer. Ce sont les Mémoires de Marguerite de Navarre.

« La reine ma mère, dit-elle, étoit à Metz dangereusement malade de la fièvre. Elle rêvant et étant assistée autour de son lit du roi Charles mon frère, et de ma sœur et mon frère de Lorraine, de plusieurs messieurs du conseil, et de force dames et princesses qui la tenant hors d'espérance ne l'abandonnoient point, s'écria continuant ses rêveries, comme si elle eût vu donner la bataille de Jarnac : Voyez comme ils fuyent : mon fils a la victoire : hé ! mon Dieu ! relevez mon fils, il est par terre : voyez-vous dans cette haye le prince de Condé mort ? Tous ceux qui étoient là croyoient qu'elle rêvoit..... Mais la nuit après, M. de Losses lui en ayant apporté la nouvelle : Je le savois bien, dit-elle ; ne l'avois-je pas vu avant-hier ? Lors on reconnut que ce n'étoit point rêverie de la fièvre, mais un avertissement que Dieu donne aux personnes illustres. » *Page 84.*

S. Johnson, dans son Voyage aux îles Hébrides (1), parle d'une impression singulière que les habitans de ces îles et les montagnards d'Ecosse éprouvent quelquefois au moment où ils s'y attendent le moins. Ils donnent à cette impression le nom de *seconde vue*, parce qu'elle leur fait voir comme présens des événemens qui se passent dans un lieu éloigné. Je n'ai pu, dit-il, pousser mes recherches assez loin pour acquérir une entière certitude de ce phénomène; mais c'est une opinion généralement reçue depuis des siècles, et l'on m'en a cité un grand nombre d'exemples. Ceux qui éprouvent ces sortes de visions n'en tirent point vanité, et n'y trouvent aucun profit. Comme ils ne sont pas maîtres de les avoir, et qu'elles sont toujours indépendantes de leur volonté, ils ne peuvent se donner pour prophètes. Johnson termine son article par une observation remarquable. «Cette faculté, dit-il, paroît incroyable, parce qu'elle est rare; mais elle n'est pas plus incompréhensible que les autres facultés de notre âme; et dans les choses sur lesquelles on ne peut se décider par le rai-

_______________

(1) A Journey to the Western islands of Scotland. London, in-8°, pag. 248. C'est en 1773 que Johnson et Boswel allèrent aux îles Hébrides.

sonnement, il faut bien s'en rapporter aux témoignages. »

J. Boswel qui étoit avec Johnson, et qui a donné le journal de leur voyage (1), rapporte quelques exemples de la seconde vue. Il avoue que sa croyance à la réalité de ce qui l'avoit d'abord frappé s'est affoiblie depuis son retour ; mais il ne regarde pas cette croyance comme un préjugé superstitieux. La correspondance d'un événement éloigné avec l'impression que l'imagination en reçoit, dit-il, quoique très-merveilleuse ( si elle est prouvée ), ne tient pas plus à la superstition que le magnétisme ou l'électricité.

J'ai invoqué le témoignage de Johnson et de Boswel à cause de la réputation dont ils jouissent, et de l'époque à laquelle ils ont publié leurs ouvrages. Mais tous les voyageurs qui ont décrit les mœurs et les usages des Ecossais ont fait mention de la seconde vue. Martin en parle dans sa description des îles Hébrides : il remarque même que ceux qui reçoivent ces impressions subites en sont effrayés, et regardent la disposition à les éprouver comme une maladie qu'ils ne voudroient pas avoir. En un mot, « le fait

----

(1) The Journal of a tour to the Hebrides ; with Samuel Johnson, by James Boswel. London, 1785, in-8°, pag. 490 et 492.

« est attesté par un si grand nombre d'auteurs
« dignes de foi, que, malgré le merveilleux de
« la chose, il est difficile de la révoquer en
« doute. » Encycl., art. *Seconde Vue*, t. XVII,
p. 570 (1).

De ce que je viens de dire faut-il conclure
que les anciens étoient fondés à croire à la divination ? non sans doute : l'observation du somnambulisme nous découvre les causes qui ont
fait adopter cette chimère, et doit par cela
même en empêcher le retour. Les prévisions qui
ont lieu pendant le somnambulisme n'ont rien
de commun avec cette divination dont Cicéron a
si bien démontré l'impossibilité. Nous pouvons
aujourd'hui déterminer les cas dans lesquels la
prévision a lieu, et les limites dans lesquelles
elle est renfermée. Elle ne se manifeste que
dans un état de crise nerveuse ; elle ne s'étend
point au-delà de ce que l'intelligence peut conjecturer d'après la connoissance des causes actuelles : elle est le plus ordinairement un déve-

---

(1) PENNANT, dans son voyage aux Hébrides, parle aussi
de la seconde vue. Il traite cela de superstition, mais il avoue que
dans le pays tout le monde y croit. Il cite un gentilhomme qui
voyoit à l'avance ceux qui venoient le visiter, et se préparoit à
les recevoir. Il dit encore que les personnes qui éprouvent des
visions sont dans un état de crise nerveuse, comme les pytho-
nisses. *PENNANT'S WORKS.* Tome II, Page 324.

loppement de l'instinct dont nous sommes doués pour notre conservation. Elle suppose sans doute que les nerfs ont acquis une irritabilité qui les rend sensibles à des impressions imperceptibles dans l'état ordinaire ; mais pour l'expliquer, on n'a pas besoin de recourir à un ordre de choses étranger à l'ordre naturel.

Si, comme le prétend M. Mesmer, un fluide répandu dans la nature établit une communication entre les êtres, et pénètre tous les corps ; si, lorsque les sens extérieurs sont assoupis, ce fluide continue d'agir sur nos nerfs et devient le seul véhicule des sensations : il n'y a rien d'étonnant qu'une personne dont les nerfs sont dans une irritabilité excessive, dont la faculté de sentir s'est retirée des organes extérieurs, pour se concentrer, soit dans un point du cerveau, soit à l'épigastre, puisse avoir la conscience de ce qui se passe dans un lieu éloigné, comme nous avons celle de l'ébranlement des corps sonores. Je ne prétends nullement faire adopter mon opinion. Comme je n'ai cru ces sortes de faits qu'après les avoir vus, je ne saurois conseiller à personne de les croire qu'après s'en être convaincu par sa propre expérience. Mais il ne faut pas dédaigner de les vérifier : ils ne sont en contradiction avec aucune loi de la nature ; ils supposent seulement le développement d'un sens intérieur dont l'ensemble des nerfs est l'organe (1).

Si l'état nerveux dont nous parlons est ordinairement une crise momentanée produite par une maladie, il se trouve quelquefois aussi des personnes qui sont habituellement dans un état semblable par leur organisation. Ces exemples ne sont pas tellement rares qu'on ne puisse en trouver un grand nombre dans l'histoire : la philosophie a dédaigné de les examiner, en les attribuant à l'imposture ou à la superstition ; il en est cependant sur lesquels on auroit dû prononcer avec plus de réserve ; je n'en citerai qu'un, et je m'applaudis d'avoir à justifier ici l'homme le plus sage de l'antiquité d'un soupçon qui a répandu des nuages sur son caractère.

Socrate avoit un démon familier qui l'avertissoit de ce qu'il devoit faire dans plusieurs circonstances importantes. Il en parloit souvent à ses disciples ; il en parla même à ses juges dans sa défense. Sa manière de s'exprimer à ce sujet,

---

( 1 ) Un homme très-éclairé m'a parlé avec éloge d'un ouvrage allemand où sont recueillis un grand nombre de faits de ce genre, tous accompagnés de preuves. Il seroit à desirer qu'on traduisît cet ouvrage en français. Il a pour titre : *Journal pour la Psycologie expérimentale*, par M. Moniz, Professeur royal à Berlin. * *Moriz journal für die Erfahrungs-seelenkunde. 1788.*

si l'on en croit Platon et Xénophon, qui avoient vécu avec lui, et tous ceux qui ont été à portée de recueillir les anecdotes de sa vie, étoit tellement claire et précise, qu'on ne peut supposer que c'étoit une tournure métaphorique pour dire que son jugement et sa conscience lui conseilloient de prendre tel ou tel parti. Il est évident que Socrate croyoit recevoir une inspiration particulière, ou du moins qu'il le disoit. Malgré la vénération dont toute l'antiquité a été pénétrée pour ce martyr de la vérité, les écrivains modernes n'ont pas craint d'avancer qu'il étoit un visionnaire dans la première supposition, et que dans la seconde il en imposoit. Le savant auteur des notes sur la nouvelle édition de la traduction de Plutarque n'est pas celui qui a mis le moins de ménagement dans les termes, et voici comment il s'exprime en parlant du démon de Socrate :

« Il est fâcheux, pour la mémoire de ce philosophe, de le voir confondu par cette prétention avec tous les soi-disant inspirés du monde, avec les fanatiques, les ambitieux, les auteurs des révolutions..... Mais on pourroit supposer que Socrate, épris de sa sagesse, et persuadé de l'utilité dont elle pouvoit être aux hommes, avoit, dans la vue du bien public, répété à ses auditeurs qu'un esprit familier le guidoit de manière qu'on pouvoit avoir la plus grande confiance dans tout ce qu'il disoit (1). Cet artifice, adopté par un autre sage de la Grèce pour faire agréer des lois utiles au bien général, ne laisse pas que de donner dans un philosophe une grande idée de son amour-propre et de prêter infiniment au ridicule. Je ne puis m'empêcher d'en conclure que plus on réunit de traits différens sur Socrate, et plus on est disposé à pardonner à Aristophane d'avoir mis en scène un homme qui paroissoit uniquement occupé de lui, en ayant l'air de ne s'occuper que des autres. » *OEuvr. de Plut., éd. de 1803, tom. XX, p.* 441.

Voilà comme on traite aujourd'hui celui qui préféra la mort à la plus légère infraction de

---

(1) Cette supposition est dénuée de fondement ; elle est même contraire à tous les témoignages des anciens. Socrate n'appuya jamais aucun de ses principes sur une inspiration ; son prétendu démon ne lui donnoit aucun avis sur les choses qu'on peut découvrir par le raisonnement. Voyez-en les preuves dans une dissertation d'Oléarius dont je parlerai bientôt. Je me contenterai de citer ici le commencement et la fin du passage.

« *Exeruisse autem se hoc dæmonium in iis tantùm rebus ubi præsagio, non verò ubi consilio opus erat graves tradunt auctores........ ut adeò manifestum evadat ea quæ ratiocinando assequi poterat Socrati genium non suggessisse.* Olearius , in Stanley, Hist. phil. , pag. 145. »

C'est un rapport de plus entre l'état de Socrate et l'état de crise magnétique.

la justice ; celui dont tous les discours avoient pour but de combattre la superstition du peuple et la vanité des sophistes ; celui qui fut toujours si simple dans ses mœurs et sa conduite ; celui qui fit descendre la philosophie du ciel sur la terre, et qui établit sur des bases raisonnables les principes de la morale. Et pourquoi cette rigueur, si ce n'est parce qu'on ne veut point examiner la cause d'une opinion, qu'on a d'abord rejetée comme absurde.

Sans crainte de revenir sur un sujet dont personne n'ose plus s'occuper, examinons un moment ce que c'étoit que ce démon de Socrate.

Plutarque a traité cette question en forme de dialogue. Simmias, l'un des interlocuteurs, dit « qu'en ayant une fois interrogé Socrate lui-même, il ne lui en avoit point fait de réponse, et pour cette cause que jamais depuis il ne l'en avoit voulu enquérir ; mais qu'il avoit souvent été présent quand Socrate disoit qu'il estimoit hommes vains et menteurs ceux qui disoient avoir vu à l'œil quelque chose de divinité, et au contraire qu'il prêtoit l'oreille à ceux qui disoient avoir ouï quelque voix, et les enquéroit à certes et diligemment ; et il nous donnoit à penser et conjecturer entre nous à part et à soup-çonner que ce démon de Socrate ne fût point une vision, ains un sentiment de voix et intelligence de paroles qui le venoit à toucher par quelque extraordinaire manière : comme en songeant, ce n'est pas une voix que les dormans oyent, mais ce sont opinions et intelligences de quelques paroles qu'ils croient ouïr prononcer, etc. »

Voilà sans doute des idées bien étranges pour ceux qui rejettent les phénomènes du magnétisme ; mais ceux qui auront recueilli les histoires les mieux constatées des somnambules retrouveront partout la même chose. La plupart des somnambules sentent en eux-mêmes comme une voix qui les avertit. Si on leur demande quelque chose, ils disent : Laissez-moi consulter *mon intérieur*. Qu'on lise le Mémoire sur mademoiselle Le F., dont j'ai donné l'analyse, et l'on verra que cette jeune personne, qui certainement ne prétendoit pas imiter Socrate, s'exprimoit de la même manière sur la cause de ses prévisions.

Je demande maintenant si, lorsque le même phénomène se présente en divers temps chez des gens sans instruction, sans prétention, et chez des hommes célèbres par leur génie et leur vertu, il n'est pas plus convenable de l'attribuer à une faculté dont certaines personnes sont douées, que de le supposer une imposture ou une folie. L'expression *démon*, employée par

Socrate, n'indique point un être individuel d'une nature particulière, mais un principe d'inspiration.

On peut voir sur le démon de Socrate la savante dissertation d'Oléarius, insérée dans l'Histoire de la Philosophie de Stanley, tom. 1, p. 134.

L'auteur de cette dissertation rapporte toutes les opinions, sans mieux expliquer le fait ; mais il prouve que ce fait n'a jamais été révoqué en doute par les contemporains, et que Socrate croyoit réellement avoir un démon familier, c'est-à-dire, entendre ou sentir une voix qui l'avertissoit de ce qu'il lui convenoit de faire.

Il définit ce génie, d'après Plutarque, une faculté de voir qui dirige la vie ; qui, se portant uniquement sur le passé et l'avenir, répand la lumière sur des choses obscures, et qui sont hors de la portée de la prudence humaine. *Facultatem videndi vitam moderantem.... quæ in anteriora tantùm et futura tendens lumen rebus obscuris accendit, et quæ humana prudentia attingi nequeunt.* ( Plut. loc. cit. , c. 15. Oléarius, in. Stanley, Hist. phil. , p. 145. )

Le savant et judicieux Brucker discute aussi ce qu'on a dit du démon de Socrate, il renvoie pour les détails des opinions à la dissertation d'Oléarius, et il convient qu'il est également impossible de nier le fait et d'en donner une explication satisfaisante. Il remarque avec Xénophon qu'il seroit absurde de supposer à Socrate l'intention de tromper ses disciples, et que même dans cette supposition l'artifice auroit été bientôt découvert.

Au milieu des difficultés dont cette question est embarrassée, dit-il, il faut suspendre son jugement : une seule chose nous paraît assez bien prouvée, « c'est que Socrate, outre la perspi- « cacité naturelle de son esprit accrue par une « longue expérience, étoit encore doué d'une « certaine faculté de pressensation et de divi- « nation qu'il appeloit son génie, et que ses « disciples ont regardée comme un esprit d'une « nature particulière. » Nous savons, ajoute-t-il, avec quelle défiance il faut écouter ceux qui se sont attribué une semblable faculté. Mais Socrate n'eut jamais la prétention de se donner pour un homme extraordinaire, et l'on renverseroit tous les fondemens de l'histoire en mettant au nombre des fables ce qu'on a dit de lui (1).

---

( 1 ). Unum hoc certum satis putamus esse, Socratem, præter naturalem mentis perspicacitatem, usu et experientiâ multorum annorum auctam, gavisum fuisse facultate aliquâ præsentiente et divinante, quam genium suum vocavit, quamque pro spiritu mediæ naturæ habuerunt discipuli. Nam licet libenter concedamus, cautè audiendos esse, qui de ejusmodi extraordinariis facultatibus

Il me semble bien remarquable que l'examen des faits ait conduit Plutarque à définir le *démon* de Socrate, et Brucker à en expliquer la nature, comme nous le ferions aujourd'hui d'après la connoissance des crises magnétiques.

La simplicité de la vie de Socrate, la pureté de sa doctrine, l'heureuse révolution qu'il fit dans la philosophie, l'héroïsme tranquille de sa mort, la vénération dont sa mémoire est accompagnée, ne permettent de lui comparer personne. Je crois cependant devoir faire une observation : c'est que l'histoire nous fait connoître plusieurs hommes célèbres qui ont prétendu comme lui avoir un principe d'inspiration. Dans ce nombre il se trouve des ambitieux qui ont profité de la crédulité du peuple pour parvenir à leurs fins, mais il se trouve aussi des personnages recommandables par leur génie

---

sibi concessis multa garriunt, nec facilè fidem adhibendam iis, qui peculiares sibi genios adsistere jactàrunt, id quod de Cardano suo loco monebimus : obstat tamen Socratis sinceritas, et in consuetudine cum amicis observata semper simplicitas, quominus eum extraordinaria et supra naturam surgentia sibi arrogasse credamus, quæ naturà et usu ipsi contigerunt. Totam verò de hoc Socratis genio narrationem inter figmenta illius sæculi referre, ex nostro judicio, nimis temerarium est, omnemque prorsus fidem veteris historiæ convellere aptum. *BRUCKER*, *Hist. crit. phil.*, tom. I, pag. 548, edit. II<sup>e</sup>, 1767.

et leurs connoissances. Je n'en citerai que deux. Plotin dans le troisième siècle, et Paracelse dans le seizième. Je ne veux pas m'étendre sur ce sujet ; je prie seulement ceux qui trouveroient singulier le jugement que je porte de ces deux personnages, de lire dans Bayle l'article Plotin ; et dans l'Encyclopédie, au mot Théosophes, ce que M. Diderot dit de Paracelse. On voit que je m'appuie sur l'autorité de deux philosophes fort ennemis de toute superstition (1).

L'action de la pensée d'un individu sur un autre est encore un phénomène inexplicable, mais notre pensée se communique par la parole, par les gestes, c'est-à-dire par le son, par la lumière. Que savons nous si les modifications de notre âme ne peuvent être rendues sensibles par d'autres moyens ? A quoi tient ce sentiment inhérent à la nature humaine qui nous fait

---

(1) Voyez aussi dans Bayle l'article Cardan. Ce personnage bizarre étoit sans doute un fou, qui ne méritoit aucune confiance, mais il n'en était pas moins sujet à des extases fort singulières. Cet état qu'il décrit dans ses mémoires et dans son traité *de rerum varietate* avait tous les caractères des crises magnétiques spontannées, et en produisait tous les effets. Les détails à ce sujet sont d'autant plus dignes d'attention, que ni lui, ni aucun de ceux qui ont écrit sa vie, n'a songé à ce rapprochement. La supposition que je fais ici ne tend nullement à le justifier de la plupart des reproches qu'on lui a faits ; mais elle explique toutes les disparates de son génie et de son caractère.

désirer qu'un ami absent s'occupe de nous? Le
magnétisme donne un nouveau motif à ce désir;
il nous explique même comment celui qui s'occupe d'un autre et pour son bien agit sur lui,
comment une fois le rapport établi, soit par les
affections et les habitudes, soit par des moyens
physiques; il peut exister une communication
entre deux êtres qui sont forcés à vivre séparés
l'un de l'autre. N'est-ce pas encore dans un
principe semblable qu'il faut chercher l'origine
de ce préjugé répandu chez tous les peuples,
que les vœux ont une influence sur la santé, sur
le bien-être de ceux qui en sont l'objet, et de
cette opinion si chère aux âmes sensibles, qui
fait désirer aux enfans de recevoir la bénédiction de leur père. Je ne veux pas pousser trop
loin ces idées; je conçois que si elles plaisent à
l'magination et au cœur, si elles expliquent
plusieurs de nos inclinations, elles ne sont pas
assez bien prouvées pour qu'on puisse les proposer à la raison.

Je remarquerai seulement que la philosophie
gagnerait beaucoup à ce qu'on fît rentrer dans
l'ordre naturel et physique les faits qui ont une
apparence de merveilleux et qui sont cependant
attestés par des hommes éclairés. Ce n'est point
la croyance à ces faits, ce sont les conséquences
qu'on en tire qui sont la cause de la superstition.

On a beau dire, on ne persuadera jamais a ceux qui se sont convaincus de la réalité de ces phénomènes, soit par leur expérience, soit par des témoignages dignes de foi, qu'ils sont complétement dupes d'une illusion. Si on les force au silence par la crainte du ridicule, ils n'en seront que plus disposés à les attribuer à une cause surnaturelle : ils regarderont alors les principes des sciences comme un système; et ceux qui soumettent tout à cette mesure, comme des hommes qui ne voient que l'écorce des choses. Il seroit mieux de faire rentrer dans l'ordre physique tous les phénomènes merveilleux, et de bien distinguer ce qu'ils peuvent avoir de vrai de ce qui est réellement inadmissible.

Transportons-nous au quinzième siècle et supposons qu'un petit nombre d'individus eussent alors connu tous les phénomènes de l'électricité et du galvanisme. Combien de prodiges n'auroient ils pas opérés ! Quel moyen n'auroient ils pas eu d'étonner les hommes et d'appuyer par des miracles la doctrine qu'ils auroient voulu soutenir ! Quelle puissance n'auroient-ils pas exercée, en cachant l'appareil des machines dont ils auroient fait usage ! Qu'il eussent offert une idole à la vénération du peuple, qu'ils eussent menacé celui qui oseroit la toucher d'être renversé comme s'il étoit frappé de la foudre ;

qu'auroient pu répondre les hommes les plus instruits? Qu'auroient-ils gagné sur l'esprit du peuple en niant les faits ? Ce moyen qui auroit été si puissant dans les mains d'un imposteur est nul aujourd'hui, parce que l'électricité est connue et que les phénomènes qu'elle produit sont, non point expliqués, mais ramenés à un principe général.

Les rapprochemens indiqués dans ce chapitre pourroient offrir la matière d'un ouvrage considérable. Je ne me propose pas de l'entreprendre. Il me suffit d'avoir appelé l'attention sur ce sujet et d'avoir montré qu'il est digne de l'examen de la philosophie.

---

(1) Depuis qu'il s'est répandu que j'écrivois sur le magnétisme, j'ai reçu des renseignemens de toutes parts. Des personnes qui croient lui devoir la santé m'ont donné le détail des effets qu'elles avoient éprouvés. Des magnétiseurs qui ne veulent pas être connus m'ont fait voir des somnambules ; des médecins m'ont cité des observations qu'ils avoient faites, et m'ont même communiqué des journaux de traitemens ; d'autres personnes m'ont confié des manuscrits intéressans sur la théorie et la pratique. Comme mon ouvrage étoit presque imprimé, je n'ai pu faire usage de ces nouvelles instructions ; mais j'ai eu la satisfaction de voir qu'elles ne contrarioient aucun des principes que j'ai adoptés. J'ai seulement reconnu qu'on me reprocheroit trop de réserve. Je n'ai point de regret au parti que j'ai pris. Il est indifférent qu'on croie ou non les phénomènes extraordinaires ; et il importe beaucoup qu'on ne cherche pas à les produire. L'exaltation de l'imagination et l'amour du merveilleux sont des qualités dangereuses dans un magnétiseur. Il faut seconder la nature, l'écouter lorsqu'elle s'explique d'elle-même, et réfléchir ensuite. Le magnétisme doit être un sujet *d'observations* et jamais un sujet *d'expériences*.

# CHAPITRE XII.

*Conclusion.*

Je viens de rendre compte des principaux ouvrages sur le magnétisme, et je puis affirmer qu'en les lisant j'ai cherché toutes les objections, persuadé qu'il n'est aucune de celles qui attaquent une vérité dont on ne soit sûr de trouver la réponse. Il résulte de l'examen auquel je me suis livré que les adversaires du magnétisme ont fait de vains efforts pour ébranler les fondemens de la doctrine et l'authenticité des faits sur lesquels elle est établie ; mais il en résulte aussi que ses premiers partisans, emportés par l'enthousiasme, ont donné dans beaucoup d'exagérations, et qu'ils ont associé à la découverte la plus simple et la plus utile une philosophie occulte et une physique erronée. Heureusement il est facile de séparer le vrai de cet alliage ; et depuis qu'on pratique le magnétisme en silence, les hommes sages ont renoncé à des systèmes qui égarent l'esprit sans rien ajouter à la puissance qu'on a de faire le bien.

Si dans les premiers temps où l'on essaie ses facultés magnétiques on est agité par la curiosité, cette curiosité s'affoiblit bientôt. Le plaisir qu'on goûte à soulager un être souffrant remplit l'âme toute entière, et l'on ne prend qu'un foible intérêt à des recherches dont le succès est incertain. On sent que, pour produire des effets salutaires, on a besoin de toute son attention, et l'on ne veut pas en détourner une partie pour examiner le principe de ces effets.

Il seroit cependant à désirer pour le progrès des lumières que la science du magnétisme fût associée aux autres connoissances humaines ; qu'après avoir constaté l'existence de l'agent, on déterminât le rôle qu'il joue dans la nature. La chose est plus facile aujourd'hui qu'elle ne l'étoit à l'époque de la découverte, non-seulement parce qu'on a recueilli beaucoup de faits, mais parce que le phénomène principal ayant été successivement dégagé de toutes les circonstances accessoires, on peut l'examiner en lui-même. Je sais qu'il est très-difficile d'unir la pratique du magnétisme à l'examen des causes ; il faudroit pour cela se placer alternativement en dedans et en dehors de la scène, car le rôle d'acteur et celui de spectateur ne peuvent être remplis en même temps.

C'est aux hommes qui ont cultivé les sciences physiques à recueillir, à peser, à discuter les témoignages, à discerner ce qui doit être admis de ce qui doit être rejeté. Chez eux l'esprit de doute ne sauroit nuire à l'exactitude des observations et à la justesse du raisonnement. Qu'ils examinent d'abord les faits en eux-mêmes, qu'ils les classent selon leur degré de probabilité, qu'ils les comparent pour connoître la loi qui les unit ; qu'ils les rapprochent ensuite des autres phénomènes physiques pour décider s'ils dépendent d'un principe nouveau, ou d'une modification d'un principe connu. Bientôt ils découvriront la cause naturelle de ce qui a paru jusqu'à présent inexplicable, et ils opposeront une barrière aux erreurs de l'imagination. Qu'ils ne s'arrêtent point à combattre les idées hypothétiques qui accompagnent souvent la relation des faits. Ces idées s'évanouiront d'elles-mêmes lorsqu'en s'aidant du secours des diverses sciences ils auront établi la théorie sur des bases solides. Il est digne d'eux de remplir cette tâche. Je leur en adresse l'invitation, en leur rappelant ce qu'a dernièrement écrit à ce sujet un de ces hommes dont l'opinion fait autorité dans les sciences et la philosophie.

« Les phénomènes singuliers qui résultent de l'extrême sensibilité des nerfs dans quelques individus ont donné naissance à diverses opinions sur l'existence d'un nouvel agent que l'on a nommé *Magnétisme animal*, sur l'action du magnétisme ordinaire, et l'influence du soleil et de la lune dans quelques affections nerveuses, enfin sur les impressions que peut faire naître la proximité des métaux ou d'une eau courante. Il est naturel de penser que l'action de ces causes est très-foible, et peut être facilement troublée par un grand nombre de circonstances accidentelles : ainsi de ce que, dans plusieurs cas, elle ne s'est point manifestée, on ne doit pas conclure qu'elle n'existe jamais. Nous sommes si éloignés de connoître tous les agens de la nature et leurs divers modes d'action, qu'il seroit peu philosophique de nier l'existence des phénomènes uniquement parce qu'ils sont inexplicables dans l'état actuel de nos connoissances. Seulement nous devons les examiner avec une attention d'autant plus scrupuleuse qu'il paroît plus difficile de les admettre : et c'est ici que l'analyse des probabilités devient indispensable pour déterminer jusqu'à quel point il faut multiplier les observations ou les expériences, afin d'obtenir en faveur des agens qu'elles semblent indiquer une probabilité supérieure aux raisons que l'on peut avoir d'en rejeter l'existence. » *Théorie analytique du Calcul des probabilités, par M. le comte Laplace*, page 358. (Paris, 1812, in-4°.) *Annuaire du Bureau des longitudes pour l'an 1813*, page 122.

## FIN.

# TABLE

## DES CHAPITRES.

### PREMIÈRE PARTIE.


Introduction. . . . . . . . . . . Page 1.

CHAP. I<sup>er</sup>. De la découverte du Magnétisme, de sa publication, de sa propagation et des obstacles qui lui ont été opposés. . . . . . . . . . 11

CHAP. II. Preuves du Magnétisme, et moyens de se convaincre. 36

CHAP. III. Du fluide magnétique, et des moyens par lesquels le Magnétisme agit. . . . . . . . 81

CHAP. IV. Des procédés employés dans le Magnétisme . . 95

CHAP. V. De la différence de force entre les Magnétiseurs. 126

CHAP. VI. De l'influence que la confiance des malades peut avoir sur l'efficacité du traitement magnétique. . 134

CHAP. VII. De l'application du Magnétisme à la guérison des maladies . . . . . . . . . 137

CHAP. VIII. Du Somnambulisme magnétique. . . . 162

CHAP. IX. Des inconvéniens, des abus et des dangers du Magnétisme . . . . . . . . . . 202

CHAP. X. Exposition de quelques faits que j'ai observés moi-même. . . . . . . . . . 213

CHAP. XI. Des doctrines mystiques, et de leur association au Magnétisme. . . . . . . . . 235

CHAP. XII. Digression sur les doctrines mystiques. . . 245

CHAP. XIII. Conclusion . . . . . . . . . 294


### SECONDE PARTIE.


Objet de cette seconde partie . . . . . . . Page 1

SECTION. I. Ouvrages de M. Mesmer. — Premiers écrits pour et contre le Magnétisme. — Rapports des commissaires et réponses à ces rapports. — Recherches et doutes par M. Thouret. — Extrait de la correspondance de la société royale de médecine. — Discussions de quelques médecins avec la faculté. — Examen impartial.

CHAP. I^er. Ouvrages de M. Mesmer.
§. I^er. Mémoire sur la découverte du Magnétisme animal. Pag. 5
§. II. Précis historique des faits relatifs au Magnétisme jusqu'en avril 1781 . . . . . . . . . 6
§. III. Aphorismes de M. Mesmer, par M. Caullet de Veaumorel . . . . . . . . . . 12
§. IV. Mémoire de F. A. Mesmer sur ses découvertes. . 15
CHAP. II. Ouvrages de M. d'Eslon. Lettres de M. Bergasse et de M. Court de Gebelin.
§. I^er. Observations sur le Magnétisme animal, par M. d'Eslon . . . . . . . . . . 20
§. II. Lettre de M. d'Eslon à M Philip. . . . . 21
§. III. Lettre d'un médecin de la faculté de Faris à un médecin du collège de Londres, etc. . . . 24
§. IV. Lettre de l'auteur du Monde primitif à ses souscripteurs. . . . . . . . . . 24
CHAP. III. Attaques directes contre le magnétisme.
§. I^er. Mesmer justifié. . . . . . . . . 29
§. II. L'antimagnétisme, ou origine, progrès, décadence, etc. 29
CHAP. IV. Recherches et doutes sur le Magnétisme animal, par M. Thouret. . . . . . . . 34
CHAP. V. Des rapports des commissaires et des réponses qui y ont été faites.
§. I^er. Rapport des commissaires chargés par le roi de l'examen du Magnétisme. . . . . . . . 44
§. II. Rapport secret sur le Mesmérisme, présenté au ministre par les commissaires de l'académie et de la faculté . . . . . . . . . . 48
§. III. Observations sur les deux rapports, etc., par M. d'Eslon. 49

§. IV. Lettre sur le Magnétisme, etc., adressée à M. Bailly
par M. Galard de Montjoye . . . Page 5a

§. V. Doutes d'un provincial . . . . . . . . 55

§. VI. Analyse raisonnée des rapports, etc., par M. Bonnefoy . . . . . . . . . . . 56

§. VII. Réflexions impartiales, faites après la publication du
rapport, etc. . . . . . . . . . 57

§. VIII. Observations'adressées à MM. les commissaires, etc. 58

§. IX. Supplément aux deux rapports, etc. . . . 5g

§. X. Considérations sur le Magnétisme, etc., par M. Ber-
nasse. . . . . . . . . . 63

§. XI. Le Colosse aux pieds d'argile, par M. Devillers. 66

CHAP. VI. Traité théorique et pratique du Magnétisme, par
M. Doppet. . . . . . . . 68

CHAP. VII. Extrait de la correspondance de la société royale de
médecine, relativement au Magnétisme, par M. Thouret . . . . . . . . . . . 73

§. II. Réponses à l'extrait de la correspondance. . . 78

CHAP. VIII. Discussions de quelques médecins avec la faculté.

§. Ier. Rapport au public de quelques abus en médecine, etc.,
par M. Thomas d'Onglée, etc. . . . . 80

§. II. Mémoire pour M. Varnier, etc., appelant d'un décret
de la faculté, etc. . . . . . . . 83

CHAP. IX. Des écrits publiés pour et contre M. Mesmer dans la
querelle qu'il eut avec ses élèves au sujet de la publication de sa doctrine. . . . . . 85

CHAP. X. Examen sérieux et impartial du Magnétisme. . 86

SECTION II. Des ouvrages qui ont paru depuis la découverte du somnambulisme.

CHAP. Ier. Essai sur les probabilités du somnambulisme magnétique, par M. Fournel. . . . . . 92

CHAP. II. De quelques traités sur la théorie et la pratique du
Magnétisme.

§. Ier. Procédés du Magnétisme. . . . . . . 95

§. II. Système raisonné du Magnétisme universel, etc. 97

§. III. Du fluide universel, etc. . . . . . . 98

§. IV. Prospectus d'un nouveau cours théorique et pratique du
Magnétisme, etc. . . . . . . . . 100
§. V. Le magnétiseur amoureux, par M. V., etc. . 102
CHAP. III. Considérations sur l'origine, la cause et les effets de la
fièvre, et sur le Magnétisme, par M. Judel. . 111
CHAP. IV. De la nature de l'homme et des moyens de le rendre
plus heureux, par P. J. Bachelier d'Agès. . 113
CHAP. V. Apel au public sur le Magnétisme, ou projet d'un
Journal, ect. . . . . . . . . 118
CHAP. VI. Des recueils de faits.
§. Ier. Lettre de M. le C. C** D. P** à M. le P. E. D. S. . 121
§. II. Détail des cures opérées à Busancy, etc. . . 124
§. III. Lettre à l'intendant d Soissons sur les opérations mes-
mériènes de M. de P. à Busancy, . . . 127
§. IV. Rapport des cures opérées à Baïonne, etc., par M. le
C. M. de Puységur, . . . . . . 128
§. V. Recueil d'observations, etc., par la société de Guienne,
. . . . . . . . . . . 131
§. VI. Nouvelles cures opérées par le Magnétisme. . 134
§. VII. Détail des cures opérées à Lyon, etc., par M. Ore-
lut, . . . . . . . . . . 135
§. VIII. Lettre de M. Valleton de La Boissière à M. Thouret,
suivie d'un précis des cures opérées à Nantes, 156
CHAP. VII. Du Magnétisme animal et de ses partisans, par M. de
Montègre, . . . . . . . . 139

SECTION III. Des ouvrages composés depuis la découverte
du somnambulisme, et que les magnétiseurs doivent principalement consulter.

CHAP. Ier. Ouvrages de M. Tardy de Montravel; savoir: Essai sur
la théorie du somnambulisme; Journaux des traitemens de mademoiselle N. et de madame B., 152
CHAP. II. Journal magnétique du traitement de, etc., par M. C.
de Lyon, . . . . . . . . 163
CHAP. III. Extrait du journal d'une cure magnétique, traduit de
l'allemand, . . . . . . . . 167
CHAP. IV. Annales de la Société harmonique de Strasbourg, 184

**340** **TABLE.**

CHAP. V. Extrait des Journaux d'un magnétiseur..., avec des observations sur les crises magnétiques connues sous la dénomination de somnambulisme, . . 200

CHAP. VI. Ouvrages de M. de Puységur, . . . . 205

SECTION IV. De quelques ouvrages sur différens sujets, dans lesquels on trouve des opinions relatives au Magnétisme, ou des faits qui paroissent en dépendre.

CHAP. I<sup>er</sup>. D'un ouvrage de Pomponace et d'un passage de Bacon, . . . . . . . . . 227

CHAP. II. J. N. Pechlini, *observationum-medicarum libri tres.* (Histoire de Greatrakes), . . . . 234

CHAP. III. Ouvrages de M. Petetin.

§. I<sup>er</sup>. Mémoire sur la découverte des phénomènes que présentent la catalepsie et le somnambulisme, etc., 247

§. II. Electricité animale, etc., . . . . . 255

CHAP. IV. Mémoire sur la maladie et la guérison de mademoiselle le F., etc. , . . . . . . . 259

CHAP. V. Des Mémoires de M. Thouvenel, sur l'Electrométrie souterraine, . . . . . . . 263

CHAP. VI. Du Perkinisme, et des propriétés merveilleuses attribuées à certaines substances , . . . 266

CHAP. VII. Lettre sur la seule explication satisfaisante des phénomènes du Magnétisme..., par la Société exégétique de Stockholm, . . . . . . 278

CHAP. VIII. Philosophie divine, etc., par Keleph-ben-Nathan, 283

CHAP. IX. Nouvelles considérations puisées dans la clairvoyance instinctive de l'homme sur les oracles, les sibylles, les prophètes, etc., . . . . . 287

CHAP. X. La vérité des miracles opérés à l'intercession de M. de Pâris et autres appelans, par M. Carré de Montgeron, . . . . . . . 291

CHAP. XI. Du témoignage de plusieurs auteurs célèbres sur les phénomènes les plus merveilleux du somnambulisme, . . . . . 307

CHAP. XII. Conclusion, . . . . 331


FIN DE LA TAB[LE.]